Value Added Heat Map

Dagmar Piotr Tomanek · Jürgen Schröder

Value Added Heat Map

Eine Methode zur Visualisierung von Wertschöpfung

Dagmar Piotr Tomanek
Technische Hochschule Ingolstadt
Ingolstadt, Deutschland

Jürgen Schröder
Technische Hochschule Ingolstadt
Ingolstadt, Deutschland

ISBN 978-3-658-16894-0   ISBN 978-3-658-16895-7 (eBook)
https://doi.org/10.1007/978-3-658-16895-7

Die Deutsche Nationalbibliothek verzeichnet diese Publikation in der Deutschen Nationalbibliografie; detaillierte bibliografische Daten sind im Internet über http://dnb.d-nb.de abrufbar.

Springer Gabler
© Springer Fachmedien Wiesbaden GmbH, ein Teil von Springer Nature 2018
Das Werk einschließlich aller seiner Teile ist urheberrechtlich geschützt. Jede Verwertung, die nicht ausdrücklich vom Urheberrechtsgesetz zugelassen ist, bedarf der vorherigen Zustimmung des Verlags. Das gilt insbesondere für Vervielfältigungen, Bearbeitungen, Übersetzungen, Mikroverfilmungen und die Einspeicherung und Verarbeitung in elektronischen Systemen.
Die Wiedergabe von Gebrauchsnamen, Handelsnamen, Warenbezeichnungen usw. in diesem Werk berechtigt auch ohne besondere Kennzeichnung nicht zu der Annahme, dass solche Namen im Sinne der Warenzeichen- und Markenschutz-Gesetzgebung als frei zu betrachten wären und daher von jedermann benutzt werden dürften.
Der Verlag, die Autoren und die Herausgeber gehen davon aus, dass die Angaben und Informationen in diesem Werk zum Zeitpunkt der Veröffentlichung vollständig und korrekt sind. Weder der Verlag noch die Autoren oder die Herausgeber übernehmen, ausdrücklich oder implizit, Gewähr für den Inhalt des Werkes, etwaige Fehler oder Äußerungen. Der Verlag bleibt im Hinblick auf geografische Zuordnungen und Gebietsbezeichnungen in veröffentlichten Karten und Institutionsadressen neutral.

Gedruckt auf säurefreiem und chlorfrei gebleichtem Papier

Springer Gabler ist ein Imprint der eingetragenen Gesellschaft Springer Fachmedien Wiesbaden GmbH und ist ein Teil von Springer Nature
Die Anschrift der Gesellschaft ist: Abraham-Lincoln-Str. 46, 65189 Wiesbaden, Germany

Vorwort

Wertschöpfung (engl. Value Added) steht im Fokus jeder ökonomischen Aktivität.[1] Zudem wird im Zuge von Industrie 4.0 der Wertschöpfungsoptimierung durch digitale Transformation eine enorme Bedeutung beigemessen. Die Optimierung von Wertschöpfung ist dabei nicht nur auf industrielle Anwendungen begrenzt, sondern umfasst ebenfalls den Dienstleistungssektor.[2]

Wie lässt sich jedoch Wertschöpfung beziffern und aussagekräftig darstellen? Einen Ansatz bietet die von Schröder und Tomanek entwickelte Value Added Heat Map (kurz: VAHM). Die Value Added Heat Map ist eine innovative Methode, die helfen soll, Wertschöpfung zu bewerten und zu visualisieren. Es ist ein Ansatz, um beispielsweise die Wertigkeit von Flächen, Personal sowie Maschinen und Anlagen in Produktions- und Dienstleistungsunternehmen zu analysieren.

Parallel zur methodischen Entwicklung der Value Added Heat Map fand eine Implementierung und Überprüfung der Methode im industriellen Umfeld statt. Die gewonnenen Erkenntnisse wurden darüber hinaus auf internationalen Konferenzen der „Scientific Community" präsentiert und zur wissenschaftlichen Diskussion gestellt.

---

[1] Vgl. Oehlrich M, Dahmen A (2010) Betriebswirtschaftslehre. Eine Einführung am Businessplan-Prozess. 2., überarb. und aktualisierte Aufl. München: Vahlen, S. 139.
[2] Vgl. Tomanek DP (2018) Möglichkeiten und Grenzen der Wertschöpfungsoptimierung von medizinischen Dienstleistungen mithilfe der Wertstromorientierung am Beispiel von klinischen Prozessen. Dissertation. Universität Bayreuth, Rechts- und Wirtschaftswissenschaftliche Fakultät.

Mit diesem Buch soll das entwickelte Wertschöpfungsprogramm Value Added Heat Map nach Schröder und Tomanek nun einer breiteren Öffentlichkeit nähergebracht werden. Eine Stärke dieses Buchs liegt zweifelsohne in den praxiserprobten Anwendungsbeispielen. Zielgruppe der Value Added Heat Map sind daher nicht ausschließlich Lehrende und Studierende. Dieses Buch richtet sich insbesondere auch an Führungskräfte, Praktiker, Berater, Planer und Entscheider in Produktions- und Dienstleistungsunternehmen, die ein grundlegendes Interesse am Thema des Wertschöpfungsmanagements mitbringen.

Besonderer Dank bei der Entstehung des Buchs gilt dem Unternehmen Brose CZ spol. s r.o. in Kopřivnice (Tschechien) für die Unterstützung bei der Implementierung der VAHM-Methode in die Praxis. Außerdem gilt Dank Herrn Dr. Fritz Kroll (†), der die Eintragung des layoutbezogenen Wertschöpfungsprogramms Value Added Heat Map nach Schröder und Tomanek ©® als Marke beim Deutschen Patent- und Markenamt begleitet und unterstützt hat.[3] Dank gilt auch dem Springer-Verlag (insbesondere in Person von Susanne Kramer und Merle Kammann) für die freundliche Unterstützung und die aufgebrachte Geduld bei der Herausgabe dieses Buches.

Dr. Dagmar Piotr Tomanek
Prof. Dr. Jürgen Schröder

---

[3]Schröder J, Tomanek DP (2017) Layoutbezogenes Wertschöpfungsprogramm Value Added Heat Map nach Schröder und Tomanek, Anmeldung: 15.05.2017, DE, Registernummer 30 2017 012 325, 08.08.2017.

Inhaltsverzeichnis

1	Einleitung..	1
2	Value Added Heat Map – Idee und Entstehung..................	5
3	Wertschöpfungskonzentration................................	9
	3.1 Wertschöpfung und Verschwendung visualisieren............	9
	3.2 Dimensionen der Wertschöpfungskonzentration.............	12
	3.2.1 Minimaler Flächenverbrauch für Nicht-Wertschöpfung.............................	17
	3.2.2 Maximaler Wertschöpfungsbeitrag des Personals......................................	18
	3.2.3 Optimale Maschinen- und Anlagennutzung.............	19
	3.3 Visualisierungsmethoden der Wertschöpfung................	22
	3.3.1 Wertstromanalyse.................................	22
	3.3.2 Sankey-Diagramm.................................	24
	3.3.3 Spaghetti-Diagramm...............................	26
	3.3.4 Value Added Heat Map............................	28
	Literatur..	28
4	Value Added Heat Map – Flächennutzung......................	31
	4.1 Methodik...	31
	4.2 Bewertungsskala..	33
	4.3 Wertschöpfungskennzahl Wertschöpfungsdichte..............	40
	4.4 Anwendungsbeispiel.....................................	41
	Literatur..	44

5	**Value Added Heat Map – Maschinen- und Anlagennutzung**	**45**
5.1	Methodik	45
5.2	Bewertungsskala	46
5.3	Wertschöpfungskennzahl Nutzungsgrad	48
5.4	Anwendungsbeispiel	48
6	**Value Added Heat Map – Personaleinsatz**	**51**
6.1	Methodik	51
6.2	Bewertungsskala	52
6.3	Wertschöpfungskennzahl Einsatzgrad	53
6.4	Anwendungsbeispiel	54
	Literatur	59
7	**Weitere Anwendungsmöglichkeiten der Value Added Heat Map**	**61**
7.1	Value Added Heat Map – Materialbestand	62
	7.1.1 Methodik	62
	7.1.2 Bewertungsskala	62
	7.1.3 Wertschöpfungskennzahl Reichweitegrad	64
	7.1.4 Anwendungsbeispiel	64
7.2	Value Added Heat Map – Informationsübermittlung	66
	7.2.1 Methodik	66
	7.2.2 Bewertungsskala	67
	7.2.3 Wertschöpfungskennzahl layoutbasierter Digitalisierungsgrad	69
	7.2.4 Anwendungsbeispiel	70
	7.2.5 Exkurs: Medienbruch	73
	Literatur	75
8	**Traffic Load Heat Map – Intralogistisches Verkehrsaufkommen**	**77**
8.1	Visualisierungsmethoden des intralogistischen Verkehrsaufkommens	78
	8.1.1 Bewegungsmatrix	78
	8.1.2 Sankey-Diagramm	78
	8.1.3 Ganglinien-Diagramm	79
	8.1.4 Traffic Load Heat Map	80

8.2	Methodik	81
8.3	Anwendungsbeispiel	81
	Literatur	86
9	**Zusammenfassung**	87

Sachverzeichnis 91

Abbildungsverzeichnis

Abb. 2.1	Vision einer Kamera zur Messung des Wertschöpfungsgrades	6
Abb. 3.1	Verschwendungsarten	10
Abb. 3.2	Wertschöpfungskonzentration	11
Abb. 3.3	Dimensionen der Wertschöpfungskonzentration	13
Abb. 3.4	Dimension Digitalisierung	16
Abb. 3.5	Minimaler Flächenverbrauch für Nicht-Wertschöpfung	18
Abb. 3.6	Beispielhafte Darstellung Personaleinsatz	20
Abb. 3.7	Optimale Maschinen- und Anlagennutzung	21
Abb. 3.8	Wertstromanalyse	24
Abb. 3.9	Sankey-Diagramm	25
Abb. 3.10	Spaghetti-Diagramm	27
Abb. 4.1	Beispiele unterschiedlich genutzter Flächen in der Produktion	32
Abb. 4.2	Bewertungsskala Flächennutzung	34
Abb. 4.3	Beispiel einer neutral zu bewertenden Fläche	35
Abb. 4.4	Beispiel einer ungenutzten Fläche – Wertschöpfungsgrad 0	35
Abb. 4.5	Beispiel einer ungenutzten Fläche – Wertschöpfungsgrad 1	36
Abb. 4.6	Beispiel für einen Besprechungs – und Aufenthaltsraum im Shopfloor – Wertschöpfungsgrad 2	37

Abb. 4.7	Beispiel für eine Fläche mit Fertig- und Zwischenprodukten bzw. Materialfläche, die mehr als 5 m von Arbeitsplatz entfernt ist – Wertschöpfungsgrad 3	37
Abb. 4.8	Beispiel für eine Materialfläche zwischen 1 und 5 m vom Arbeitsplatz – Wertschöpfungsgrad 4	38
Abb. 4.9	Beispiel für eine Materialfläche direkt am Arbeitsplatz – Wertschöpfungsgrad 5.	38
Abb. 4.10	Beispiele für Wertschöpfungsflächen an der Fertigungslinie – Wertschöpfungsgrade 6, 7 und 8	39
Abb. 4.11	Beispiellayout mit Raster (1 Rasterquadrat ≙ 1 m^2)	42
Abb. 4.12	Beispiel Value Added Heat Map Flächennutzung	43
Abb. 5.1	Bewertungsskala zeitliche Maschinen- und Anlagennutzung	47
Abb. 5.2	Beispiel Value Added Heat Map zeitliche Maschinen- und Anlagennutzung.	49
Abb. 6.1	Bewertungsskala räumlicher Personaleinsatz.	53
Abb. 6.2	Prozessbeschreibung des aufgenommenen Rüstvorgangs einer Anlage.	55
Abb. 6.3	Beispiellayout zur Bewertung des Personaleinsatzes eines Rüstvorgangs	56
Abb. 6.4	Multimomentaufnahme bzgl. Art, Dauer und Häufigkeit der zurückgelegten Wegstrecken am Beispiel eines Einrichters	56
Abb. 6.5	Wertschöpfungsanalyse des Personals am Beispiel eines Einrichters	57
Abb. 6.6	Beispiel Value Added Heat Map räumlicher Personaleinsatz	58
Abb. 7.1	Bewertungsskala Reichweite	63
Abb. 7.2	Beispiel Value Added Heat Map Materialbestand	65
Abb. 7.3	Symbole zur Darstellung des Informationsflusses in einer Wertstromanalyse	67
Abb. 7.4	Bewertungsskala Art der Informationsübermittlung	68
Abb. 7.5	Sankey-Diagramm Materialfluss	71
Abb. 7.6	Value Added Heat Map Informationsfluss	73
Abb. 7.7	Medienbrüche am Beispiel der Bestell- und Auftragsabwicklung	74

Abb. 8.1	Beispiel Bewegungsmatrix für das innerbetriebliche Verkehrsaufkommen an einer Kreuzung	78
Abb. 8.2	Beispiel Sankey-Diagramm für das innerbetriebliche Verkehrsaufkommen an einer Kreuzung.......................................	79
Abb. 8.3	Beispiel Ganglinien-Diagramm für das innerbetriebliche Verkehrsaufkommen an einer Kreuzung.......................................	80
Abb. 8.4	Beispiel eines Aufnahmebogens für die Dokumentationen von innerbetrieblichen Fahrzeugbewegungen in einem definierten Zeitraum..........	82
Abb. 8.5	Beispiel einer Traffic Load Heat Map	83
Abb. 8.6	Hauptverkehrsweg der Fabrik, der in der Traffic Load Heat Map horizontal zwischen Punkt 1 und Punkt 13 verläuft	84
Abb. 8.7	Methodische Einordnung der Traffic Load Heat Map.......................................	85

Einleitung 1

Zusammenfassung

Heat Maps basieren auf dem Prinzip der Thermografie. Mithilfe einer Wärmebildkamera kann die Temperatur von Objekten durch eine unterschiedliche Farbgebung für das menschliche Auge sichtbar gemacht werden. Umso höher die Temperatur, desto „rötlicher" ist das Beobachtungsobjekt. In der Industrie werden Heat Maps hautsächlich zur Visualisierung der Wärme in Anlagen eingesetzt. Dabei ist die Einsatzmöglichkeit des Heat Mappings nicht nur auf thermodynamische Systeme begrenzt. Mithilfe einer sog. Value Added Heat Map kann in industriellen Anwendungen und Dienstleistungen ebenfalls die Wertigkeit von produktions- bzw. dienstleistungsrelevanten Faktoren für das menschliche Auge sichtbar gemacht werden.

Zur Visualisierung von Geschäftsprozessen gibt es eine Vielzahl von Methoden. Durch die Anwendung dieser sollen Potenziale für eine möglichst große Wertschöpfung erkannt werden. Im Umkehrschluss soll durch die Maximierung der Wertschöpfung die Verschwendung im Idealfall eliminiert – oder zumindest minimiert – werden. Diese Methoden finden bei der Ist-Analyse, der Prozessmodellierung und auch bei der nachträglichen Optimierung Anwendung.

Hervorzuheben sind bei den in der Praxis relevanten Methoden die Wertstromanalyse und das Sankey-Diagramm. Bei der Betrachtung bestehender Verfahren lässt sich feststellen, dass Wertschöpfungsgrade, z. B. in Bezug auf die belegte Fläche, bisher nicht visualisiert werden. Folglich lassen sich auch Optimierungsmöglichkeiten nicht unmittelbar erkennen.

Die nachfolgend beschriebene Methode der „Value Added Heat Map" (kurz VAHM) basiert auf dem Prinzip der Thermografie, wobei die Temperatur durch den Wert der Wertschöpfung ersetzt wird. Sie hilft, Verschwendung zu identifizieren und zu visualisieren, um daraus Optimierungspotenziale abzuleiten. Zugleich erlaubt es die Value Added Heat Map, einen unternehmensinternen wie unternehmensübergreifenden Vergleich durchzuführen.

Grundlegend für die praktikable Nutzung und einfachste Version dieser neuen Methode ist die Flächenbewertung an sich. Dazu werden Kategorien definiert, um jede Flächeneinheit nachvollziehbar zu bewerten. Abgeleitet aus der Flächenbetrachtung lassen sich weitere Formen der Value Added Heat Map bilden. So können analog der Personaleinsatz, die Anlagennutzung (u. a. Schichtmodell), die innerbetriebliche Verkehrsbelastung, die Bestandsreichweiten und auch der Informationsfluss im Hinblick auf eine Digitalisierung visualisiert werden. Je nach Aufgabenstellung können noch weitere Formen selbst entwickelt werden.

Grundsätzlich ist die Notwendigkeit gegeben, die verfügbare Fläche hinsichtlich eines wertschöpfenden Einsatzes zu prüfen. Der vorhandene Quadratmeter soll folglich möglichst so genutzt werden, dass darauf Umsatz und eine möglichst hohe Rendite erwirtschaftet werden. Es stellt sich zwangsläufig die Frage, welchen Wertbeitrag der Quadratmeter liefert.

Nicht selten wird bei einer betriebswirtschaftlichen Bewertung ein einheitlicher Quadratmeterpreis angesetzt. Dieser entspricht i. d. R. nicht dem tatsächlichen Wert. Beispielgebend hierfür sei die Fläche vor einem Fenster im Vergleich zu einer Fläche mit entsprechender Infrastruktur (Druckluft, Strom, Wasser, o. ä.) genannt. Eine Freifläche in der Mitte der Fabrik mit vorhandener Infrastruktur könnte sicherlich effizienter genutzt werden. Dies unterstellt zwangsläufig, dass die verfügbare Fläche durch zusätzliche Wertschöpfung genutzt werden sollte. Durch die Anwendung der VAHM könnte dies konkret aufgezeigt werden. Im Idealfall kann auf eine bauliche Erweiterung oder eine Auslagerung von Beständen verzichtet werden. Allerdings sind nicht immer zusätzliche Aufträge vorhanden, mit denen die Freiflächen belegt werden können. Trotzdem lässt sich auch hier die Effektivität der VAHM leicht nachvollziehen. Eine Flächenverdichtung führt bei richtigen Optimierungen i. d. R. zu kürzen Wegen. So können sich z. B. die Greifwege des wertschöpfend tätigen Mitarbeiters verkürzen. Dies kann dazu führen, dass sich die Produktivität erhöht.

Allgemein formuliert kann das eigene Handeln auf die Auswirkungen der Flächennutzung auf den Prüfstand gestellt werden. Die Anwendung kann zudem mit der Notwendigkeit, „gewachsene Strukturen" aufzubrechen, konkret begründet werden. Hintergrund hierfür ist, dass produktbezogene Anlagen mit dem Serienende aus dem Programm nicht mehr benötigt werden und neue Anlagen hinzukommen. Darüber hinaus verändern sich Anlagen und Montagelinien in der Bauart, Größe und Layout bzw. im Flächenbedarf. Nicht selten werden Neuanläufe in einer ausgelasteten Fabrik dort platziert, wo Platz verfügbar

1 Einleitung

ist. Generell bedeutet dies, dass eine Produktion mit der Zeit ihr Gesicht verändert und damit der Grad der optimal genutzten Fläche nicht mehr gegeben ist. Zwangsläufig nimmt die Verschwendung zu.

Die nachfolgenden Seiten beschreiben die VAHM. Neben der Erklärung der Kategorien und der Punktevergabe zur Flächenbewertung sind Hinweise enthalten, wie die Bewertung im Unternehmen mit vorhandener Software umgesetzt werden kann.

Value Added Heat Map – Idee und Entstehung

2

Zusammenfassung

Das layoutbezogene Wertschöpfungsprogramm Value Added Heat Map nach Schröder und Tomanek ist das Ergebnis, das aus zahlreichen anwendungsorientierten Projekten entstanden ist. Auslöser für die Entstehung dieser Methode war eine wiederkehrende Problematik von Flächenengpässen bei der Produktion von Sachgütern. Der Erfolg der Idee inspirierte die Autoren, diesen innovativen Ansatz zur Analyse der Wertigkeit von Flächen auch auf Personal, Maschinen und Anlagen, Materialbestände, Informationsübermittlung sowie das intralogistische Verkehrsaufkommen in Produktions- und Dienstleistungsunternehmen zu übertragen.

Mit der schlanken Produktion nach dem Vorbild des von Toyota entwickelten Produktionssystems haben die drei Grundsätze Mura (Unausgeglichenheit), Muri (Überbeanspruchung) und Muda (Verschwendung) eine besondere Bedeutung in der Optimierung der Prozesse bekommen. Während sich die Methoden zur Vermeidung bzw. Eliminierung von Verschwendung schnell durchgesetzt haben, blieben Umsetzungen zur besseren und gleichmäßigeren Auslastung sowie die Vermeidung von Überbeanspruchungen eher im Hintergrund.

Die Idee einer Value Added Heat Map entstand bereits vor einigen Jahren. Auslöser waren auftretende Flächenengpässe in schnell wachsenden Bedarfen an Produktionsflächen. In mehreren Projekten wiederholte sich die Frage nach möglichen Flächeneinsparungen, um weitere Anlagen auf der vorhandenen Produktionsfläche unterbringen zu können. Zunächst wurden die Materialreichweiten an den Arbeitsplätzen analysiert und geprüft, ob diese reduziert werden könnten. Parallel wurde untersucht, ob die Anlagen enger zusammengestellt werden konnten. Beide Auswertungen waren sehr aufwendig und nur eine weitere

Auswertung in grafischer Form ermöglichte einen Überblick über die gesamte Produktionsfläche.

In einer Diskussion entstand eine Vision:

Eine der Decke der Produktionshalle installierte spezielle Kamera könnte einen Wertschöpfungsgrad visualisieren. Naheliegend war, dass das Prinzip der Thermografie übernommen wird. Flächen, auf denen die Wertschöpfung erzielt wird, müssten rot dargestellt werden, Freiflächen hingegen blau (siehe Abb. 2.1).

Über das grafische Layout der Produktionshalle wurde in einem ersten Ansatz versucht, die einzelnen Bereiche farblich zu markieren. Nachdem die erste Heat Map den Verantwortlichen in der Produktion vorgestellt wurde, stellten sich Abweichungen heraus. Zwar standen die Anlagen an den dafür vorgesehenen Plätzen, jedoch wurden die restlichen Flächen anders genutzt. Man entschied sich daraufhin, die Realität abzubilden und jeden Quadratmeter der Produktion nach vorgegebenen Kategorien zu bewerten. Die einzelnen Kategorien wurden je nach Wertschöpfungsbeitrag klassifiziert und entsprechend farblich zugeordnet. Die Ergebnisse wurden in das Layout übertragen. Die erste Value Added Heat Map war erstellt. Diese war Grundlage für eine Reihe von Entscheidungen, die zu einer erheblichen Flächeneinsparung führte.

Nach dem Erfolg der ersten Value Added Heat Map wurde die Diskussion intensiver und es wurden neue Fragestellungen zur Visualisierung aufgeworfen:

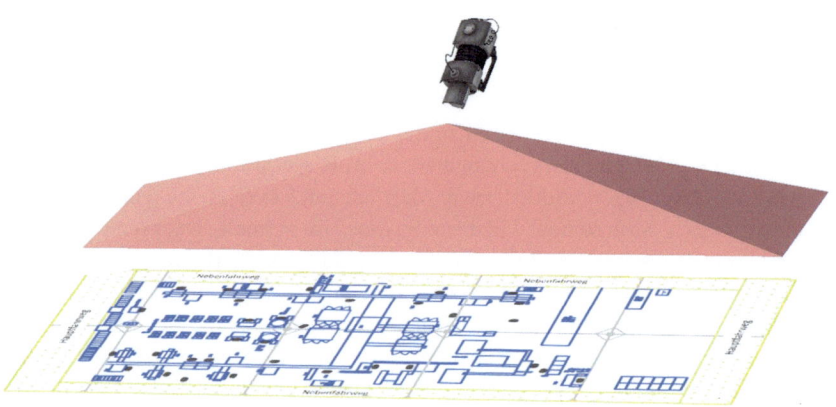

Abb. 2.1 Vision einer Kamera zur Messung des Wertschöpfungsgrades. (Quelle: Eigene Darstellung 2018)

2 Value Added Heat Map – Idee und Entstehung

- Stehen die Anlagen an den richtigen Plätzen und sind die Anlagen ausgelastet?
- Wie wertschöpfend wird das Personal an den Anlagen eingesetzt?
- Welche Reichweiten haben die bereitgestellten Bestände an den Anlagen?

Aus weiteren Gesprächen ergab sich, dass die Methode der Value Added Heat Map sich für einen Benchmark eignet und bereits in der Planungsphase eingesetzt werden sollte.

Der Gedanke der Heat Map wurde zudem auf Bereiche übertragen, in denen Engpässe visualisiert werden sollten. Aus der Logistik wurde die Problematik der Belastung einiger Verkehrswege innerhalb der Fabrik dargestellt. In bestimmten Bereichen der Fabrik kam es zu Wartezeiten bei den Flurförderfahrzeugen. Hieraus entstand die Traffic Load Heat Map. Aus der Visualisierung konnte hergeleitet werden, dass die Verlagerung eines Logistikteilbereiches zu einer erheblichen Entlastung der Verkehrswege führen würde.

Wertschöpfungskonzentration 3

Zusammenfassung

Die Konzentration der Wertschöpfung ist messbar. In diesem Kapitel werden zunächst die Begriffe Wertschöpfung, Verschwendung (Nicht-Wertschöpfung) und Wertschöpfungskonzentration definiert. Zu den elementaren Dimensionen der Wertschöpfungskonzentration zählen Fläche, Personal sowie Maschinen- und Anlagennutzung. Im Folgenden werden daher detailliert die Dimensionen der Wertschöpfungskonzentration erörtert. Des Weiteren wird auch insbesondere auf deren Wechselbeziehungen untereinander eingegangen. Abschließend werden Visualisierungsmethoden der Wertschöpfung, wie Wertstromanalyse, Sankey-Diagramm, Spaghetti-Diagramm sowie Value Added Heat Map, vorgestellt.

3.1 Wertschöpfung und Verschwendung visualisieren

In Anlehnung an Womack und Jones wird der Wert eines Produkts oder einer Dienstleistung vom Kunden definiert (vgl. Womack und Daniel 2004). Finkeissen fasst unter dem Begriff Wertschöpfung alle Aktivitäten zusammen, die den Wert eines Produktes in Bezug auf den Kundennutzen erzeugen (vgl. Finkeissen 1999). Alle nicht-wertschöpfenden Aktivitäten gelten als Verschwendung, die nach Möglichkeit eliminiert, zumindest aber minimiert werden sollen. Als Verschwendung gilt derjenige Anteil, für den der Kunde nicht bereit ist zu zahlen (vgl. Bergmann und Lacker 2009).

Der Entwickler des Toyota-Produktionssystems, Taiichi Ōno, unterscheidet zwischen sieben elementaren Verschwendungsarten (siehe Abb. 3.1). Es handelt

Fläche	Warten	Kommunikations- und Informationsdefizite
Falsche Prozesse	Überproduktion	Bewegung
Ausschuss	Transport	Bestände
	...	

☐ Die 7 elementaren Verschwendungsarten nach Ōno
☐ Weitere Verschwendungsarten

Abb. 3.1 Verschwendungsarten. (Quelle: In Anlehnung an Ōno 2013)

sich dabei um Verschwendung durch Überproduktion, Bestände, Transport, falsche Prozesse, Bewegung, Warten und Ausschuss (vgl. Ōno 2013). Verschwendung durch Überproduktion steht für die Fertigung von mehr Gütern, als tatsächlich nachgefragt werden. Überproduktion führt i. d. R. zu einer Erhöhung der Lagerbestände und einer Belegung von wertvoller Fläche in der unmittelbaren Nähe der Wertschöpfung. Vermeidbare Lagerbestände werden als Verschwendung durch Lager bzw. Bestände bezeichnet. Unnötige Transporte, beispielsweise von nicht benötigten Einbauteilen zurück ins Lager, werden der Verschwendung durch Transport zugeordnet. Ineffiziente Prozesse, falsche Technologien, unnötige Prozessschritte und ungeeignete Betriebsmittel zählen zur Verschwendung durch falsche Prozesse. Suchvorgänge jeglicher Art, wie beispielsweise Werkzeug- oder Materialsuche, werden als Verschwendung durch unnötige Bewegung bezeichnet. Das Fehlen von für die Wertschöpfung benötigtem Personal oder Material führt zu Verschwendung in Form von Warten. Fehler in der eigentlichen Wertschöpfung sind Verschwendungen durch Ausschuss (vgl. Liker und Braun 2008). Durch zahlreiche Autoren wurden die sieben grundlegenden Verschwendungsarten nach Ōno um weitere Ausprägungen erweitert. Insbesondere der Verschwendung durch Kommunikations- und Informationsdefizite wird im Zeitalter der Digitalisierung eine immer größer werdende Bedeutung beigemessen (vgl. Reese 2016). Die Ressource Fläche avanciert in der Sachgüterproduktion zunehmend zu einem knappen Gut. Die meisten Werksflächen werden heute oftmals durch andere Unternehmen,

3.1 Wertschöpfung und Verschwendung visualisieren

Wohngebiete, Straßen, Bahnstrecken oder durch Gewässer begrenzt. Eine Expansion des zur Verfügung stehenden Areals ist i. d. R. mit hohen Kosten verbunden. Nach Ansicht der Autoren ist daher eine nicht-bedarfsgerechte Nutzung der Fläche als eine weitere zentrale Verschwendungsart anzusehen.

Ein Ansatz, die Wertschöpfung und Verschwendung zu bewerten, ist die Analyse der Wertschöpfungskonzentration. Je verschwendungsfreier ein Prozess ist, desto höher ist dessen Wertschöpfungskonzentration. Umgekehrt gilt, dass die Wertschöpfungskonzentration niedrig ist, wenn ein hoher Anteil an Verschwendung besteht. Hinsichtlich der Beurteilung der Wertschöpfungskonzentration unterscheiden die Autoren zwischen den Dimensionen Personaleinsatz, Flächennutzung und Maschinen- und Anlagennutzung (siehe Abb. 3.2).

Eine Wertschöpfungskonzentration zielt beispielsweise auf eine maximale Auslastung des Personals ab, das an der Wertschöpfung beteiligt ist. Das Wertschöpfungspersonal führt die eigentliche Produkt- bzw. Dienstleistungserstellung durch. Um einen möglichst effizienten Einsatz des Wertschöpfungspersonals sicherzustellen, sollen diese Mitarbeiter sich nur auf ihre Kernaufgaben konzentrieren. Ein Anwendungsbeispiel findet sich in der Fertigung. Der Werker an einem Fließband soll sich auf die Produktherstellung konzentrieren und nicht auf

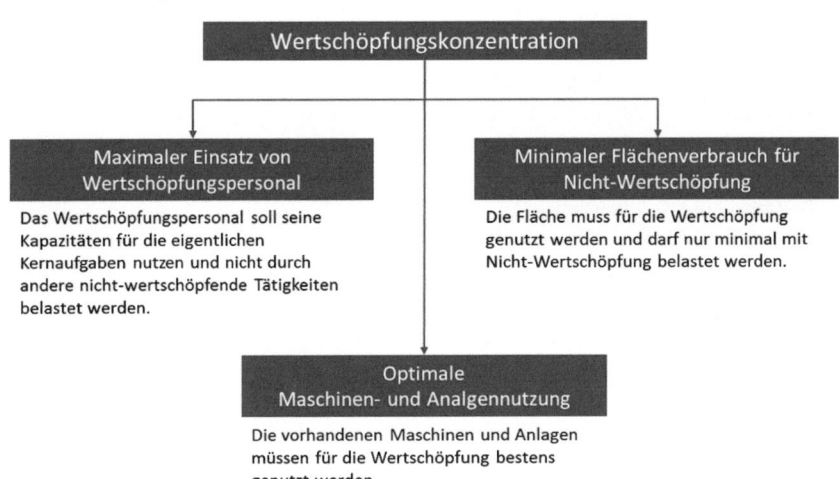

Abb. 3.2 Wertschöpfungskonzentration. (Quelle: In Anlehnung an Schröder und Tomanek 2012)

die Materialbereitstellung an seinem Arbeitsplatz. Dem Gedanken folgend, ist die innerbetriebliche Logistikabteilung für die Materialbereitstellung verantwortlich.

Logistische Unterstützungsprozesse verbrauchen für die Materialbereitstellung Flächen, die in einem Werk häufig nur begrenzt zur Verfügung stehen. Lagerfläche selbst ist jedoch nur bedingt wertschöpfend. Sie kann nicht vollständig eliminiert, aber zumindest minimiert werden. Zielführend aus Sicht der Wertschöpfungskonzentration ist daher ein minimaler Flächenverbrauch für Nicht-Wertschöpfung, damit Fläche für die eigentliche Wertschöpfung genutzt werden kann.

Aus Sicht der Wertschöpfungskonzentration sollen ebenfalls die vorhandenen Maschinen und Anlagen für die Wertschöpfung optimal genutzt werden. Eine detaillierte Beschreibung der Dimensionen der Wertschöpfungskonzentration folgt im Abschn. 3.2.

3.2 Dimensionen der Wertschöpfungskonzentration

Unter einer Wertschöpfungskonzentration wird die Verdichtung aller positiv beeinflussenden Wertschöpfungsfaktoren verstanden. Elementare Dimensionen sind:

- **Fläche:** Hierzu zählen alle Flächen, die in Anspruch genommen werden, um das Produkt zu erzeugen bzw. die Dienstleitung zu erbringen. Es wird der Grad der Flächennutzung unter Wertschöpfungsgesichtspunkten gemessen.
- **Personal:** In erster Linie wird das Personal betrachtet, welches das Produkt erzeugt bzw. die Dienstleistung erbringt, wobei der Auslastungsgrad ermittelt wird. Weiterhin kann die Art der Leistung in Bezug auf den Wertschöpfungsbeitrag gemessen werden.
- **Maschinen- und Anlagennutzung:** Hierbei werden die physischen Ressourcen betrachtet. Dies können Maschinen, Geräte, Apparate, Automaten, Werkzeuge, Instrumente und Anlagen, aber auch Räumlichkeiten mit speziellen Ausstattungen sein. Insbesondere hat der Nutzungsgrad von kostenintensiven physischen Ressourcen betriebswirtschaftlich eine hohe Bedeutung.

Die Konzentration der Wertschöpfung ist messbar. Dieser Wert wird im Folgenden als Wertschöpfungsgrad oder Wertschöpfungsdichte bezeichnet.

Die elementaren Dimensionen der Wertschöpfungskonzentration weisen Abhängigkeiten voneinander auf. Im Folgenden werden Beispiele dieser Wirkungszusammenhänge vorgestellt.

3.2 Dimensionen der Wertschöpfungskonzentration

Abb. 3.3 zeigt, dass zwischen der **Flächennutzung** und der **Personalauslastung** ein Zusammenhang bzgl. der Wertschöpfung existiert. So kann durch eine Erhöhung der Materialbereitstellungsfrequenz eine geringere Reichweite an Beständen vor der Anlage erreicht werden. Einerseits reduziert sich die notwendige Fläche für das vor der Anlage stehende Material. Andererseits verkürzen sich die Wege des Wertschöpfungspersonals, da das benötigte Material näher an den Bearbeitungsplatz gebracht werden kann. Im Idealfall ist die Materialbereitstellung direkt in den Arbeitsplatz integriert. Der Mitarbeiter muss somit seinen Arbeitsplatz nicht mehr verlassen und gewinnt dadurch Zeit für die Wertschöpfung. Dies gilt genau dann, wenn die Prozesszeit der Bearbeitung in der Anlage kürzer oder gleich der Wertschöpfungszeit des Personals ist. Andernfalls entsteht Wartezeit der wertschöpfenden Mitarbeiter. Die Erhöhung der Materialbereitstellungszyklen kommt wirtschaftlich schnell an ihre Grenzen. Deshalb können z. B. durch automatisierte fahrerlose Transportsysteme (AGV – Automated Guided Vehicle) weitere Einsparpotenziale erzielt werden. Über

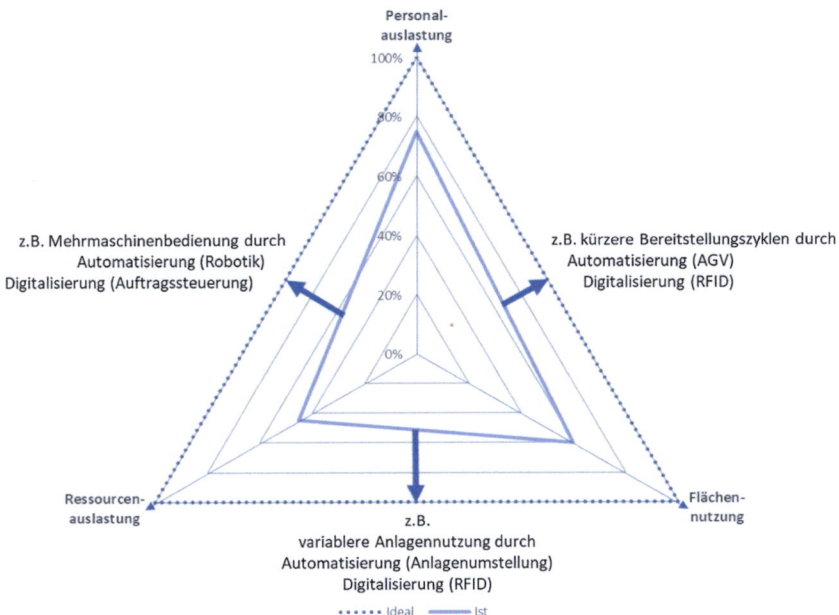

Abb. 3.3 Dimensionen der Wertschöpfungskonzentration. (Quelle: Eigene Darstellung 2018)

eine Digitalisierung des Anforderungsprozesses und der Bestandstransparenz können vorgehaltene Sicherheitsbestände am Arbeitsplatz reduziert werden. Der Einsatz von RFID (Radio-Frequency Identification) bietet sich an, um den Anforderungs- und Materialbereitstellungsprozess ohne jeglichen Zeitaufwand des wertschöpfenden Personals zu automatisieren. Analog gilt der beschriebene Prozess für die Produktionsentsorgung an Fertigerzeugnissen bzw. Baugruppen sowie die Leergutver- und -entsorgung.

Der zweite Wirkungszusammenhang zwischen **Personalauslastung** und **Maschinen- und Anlagennutzung** kann durch eine häufig in der Praxis auftretende Gegebenheit dargestellt werden. Das Wertschöpfungspersonal wartet auf das Ende des Bearbeitungsprozesses der Anlage. Genau diese verfügbare Wertschöpfungszeit des Personals geht dann verloren, sofern der Mitarbeiter keine andere wertschöpfende Tätigkeit in diesem Zeitabschnitt durchführen kann. Klassischerweise wird hier die gleichzeitige Bedienung mehrerer Maschinen angestrebt. Zukünftig werden auch hier die Automatisierung und die Digitalisierung eine deutlich höhere Bedeutung bekommen, um eine Mehrfachbedienung des Personals zu erreichen. Über eine entsprechende Robotertechnik (kurz: Robotik) können Teile automatisch der Anlage zugeführt werden. Notwendige Software für die Anlage entsprechend der vorliegenden Aufträge wird direkt aufgespielt und ist sofort verfügbar. Ein entsprechendes „Rüsten" der Software entfällt. Der Aufwand des Personals für wertschöpfende Tätigkeiten reduziert sich entsprechend und wird durch automatisierte Prozesse ersetzt. Zudem erhöht sich die Produktivität der Anlage, indem in der vorhandenen Zeit eine höhere Ausbringungsmenge erzeugt werden kann. Ebenfalls tritt in der Praxis der Fall auf, dass der Prozess an der Anlage bereits abgeschlossen, allerdings das Wertschöpfungspersonal anderweitig gebunden ist bzw. keine unmittelbare Kenntnis über den abgeschlossenen Bearbeitungsprozess der Anlage verfügt. Die Auslastung der Anlage könnte folglich erhöht werden. Genau hier wird die Digitalisierung zukünftig den Mitarbeiter unterstützen und ihm entsprechende Informationen zur Verfügung stellen, um Standzeiten der Anlage zu vermeiden.

Der dritte Wirkungszusammenhang besteht zwischen der **Flächennutzung** und der **Maschinen- und Anlagennutzung.** Der Aspekt der variablen Anlagennutzung wird vonseiten der Konstrukteure viel zu sehr unterschätzt. Gerade in der Automobilzulieferindustrie werden Maschinen und Anlagen projektbezogen entwickelt und für die Projektlaufzeit in Betrieb genommen. Obwohl es sich um ähnliche Erzeugnisse handelt, können nur umfangreiche Umbauten sicherstellen, dass auch das Produkt eines anderen Projektes auf einer schon bestehenden Anlage hergestellt werden kann. Dies führt i. d. R. zu fehlender Auslastung während des Projektan- und -auslaufes bzw. zu Engpässen, wenn die Bedarfe ihre

3.2 Dimensionen der Wertschöpfungskonzentration

Abrufspitzen erreichen. Auch hier wird durch Digitalisierungsmöglichkeiten und automatisierte Prozesse zukünftig eine variablere Nutzung der Anlagen möglich sein. Folglich werden Stillstandszeiten reduziert und dadurch wird weniger Kapazität notwendig. Dies führt zu einer Reduzierung der Flächen, sofern weniger Anlagen benötigt werden.

Neben den elementaren Dimensionen der Wertschöpfungskonzentration existieren noch weitere indirekte Faktoren, die die Wertschöpfung nicht unerheblich beeinflussen können. Beispielsweise kann eine hohe innerbetriebliche Verkehrsdichte zu Staus auf bestimmten Strecken führen. Hier bietet die Traffic Load Heat Map einen Visualisierungsansatz. Lösungsmöglichkeiten, z. B. Verlagerungen von einzelnen Routen, sind naheliegend. Aber auch hier wird die Digitalisierung eine zunehmende Bedeutung bekommen. Eine dynamische Routenführung unter Berücksichtigung des aktuellen Verkehrs kann Staus vermeiden und eine zeitgerechte Ver- und Entsorgung der Produktion sicherstellen. Eine andere Betrachtungsweise kann sich auf die Reichweiten der Produktionsmaterialien an den Arbeitsplätzen erstrecken. Nicht selten liegen die Bestände an den Arbeitsplätzen weit über dem notwendigen Muss. Die Ursachen hierfür sind sehr unterschiedlich. Einerseits ist die Versorgungssicherheit durch die Materialbereitstellung nicht gegeben, andererseits sind es falsche Behälterzuordnungen für das erforderliche Material. Nicht zuletzt neigen Produktionsmitarbeiter dazu, möglichst viel Material verfügbar zu haben, um alles zu jeder Zeit produzieren zu können. Die VAHM kann hier helfen, die Reichweiten zu visualisieren und Handlungspotenziale aufzuzeigen.

Die Wirkungszusammenhänge zwischen den elementaren Dimensionen der Wertschöpfungskonzentration sind anhand von Beispielen erläutert worden. Es gibt noch eine Vielzahl weiterer Möglichkeiten, weitere VAHM zu erstellen. Auffällig und naheliegend ist, dass die Digitalisierung und die Automatisierung bei richtigem Einsatz die Wertschöpfung weiter konzentrieren können. Die Automatisierung ist hierbei eher als Substitution unter wirtschaftlichen Gesichtspunkten anzusehen. Unabhängig davon müssen die Dimensionen gemessen und Potenziale identifiziert werden. Bei der Erweiterung der Wertschöpfungskonzentration um die Dimension Digitalisierung bietet die VAHM auch hierfür eine Visualisierungsmöglichkeit (siehe Abb. 3.4).

Die Digitalisierung konzentriert sich auf die Information und die Kommunikation (vgl. Springer Gabler Verlag 2018b). Somit können durch die Transparenz der Informationen diese in Echtzeit verfügbar gemacht werden. Diese sind die Grundlage für Entscheidungen, die selbst wiederum kommuniziert werden müssen. In der Praxis existieren Informationen, die benötigt werden, aber für den Handelnden nicht zum richtigen Zeitpunkt verfügbar sind. Dies kann

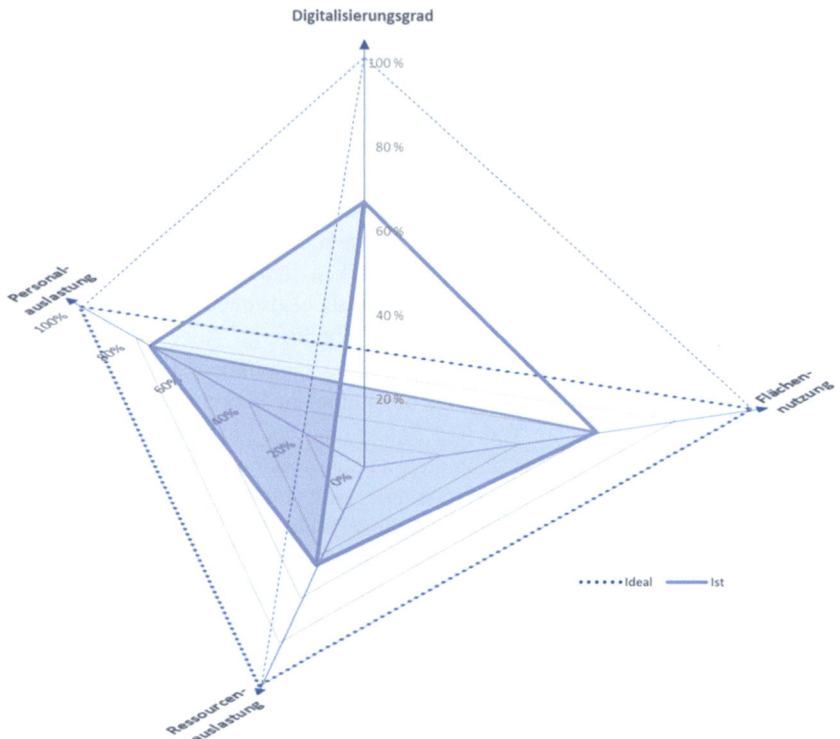

Abb. 3.4 Dimension Digitalisierung. (Quelle: Eigene Darstellung 2018)

zu Fehlentscheidungen führen oder es verlangsamt den Wertschöpfungsprozess in nicht unerheblicher Weise. Die Beleg- und Papierflut ist ein deutliches Indiz hierfür. Ein Beispiel hierfür ist, dass die Fertigungsaufträge – nicht selten auf Wochenbasis – auf Papier ausgedruckt und den Maschinenbedienern zur Verfügung gestellt werden. Verändert sich der Kundenbedarf kurzfristig, so dauert es eine nicht unerhebliche Zeit, bis diese Information beim Maschinenbediener verfügbar ist. Es ist demnach leicht nachvollziehbar, dass durch einen höheren Digitalisierungsgrad, also die Verfügbarkeit und Nutzung digitaler Informationen und deren Kommunikation, die Wertschöpfung positiv beeinflusst wird.

Die Automatisierung hingegen konzentriert sich auf die Übertragung von Funktionen vom Menschen auf künstliche Systeme (vgl. Springer Gabler Verlag 2018a). Folglich ersetzt die Automatisierung menschliche Arbeit. Gerade routinemäßig durchzuführende Prozesse eignen sich besonders für eine Automatisierung. Komplexe Systeme, die Entscheidungen benötigen, sind nach dem derzeitigen Stand der Technik eher ungeeignet. Auch hier ist nachvollziehbar, dass die Automatisierung positive Auswirkungen auf die Wertschöpfung haben kann. Zukünftig werden sich automatisierte Systeme an ihrem Wertschöpfungsbeitrag in Analogie zum Personaleinsatz messen lassen. Es gelten die gleichen Grundsätze bzgl. der durchgeführten Tätigkeit. Das häufige Warten eines fahrerlosen Transportsystems trägt nicht dazu bei, die Kosten zu reduzieren.

3.2.1 Minimaler Flächenverbrauch für Nicht-Wertschöpfung

Flächen sind für Produktions- bzw. für Dienstleistungsunternehmen nicht selten knapp. Häufig werden logistische Bereiche ausgelagert, um Freiraum für Wertschöpfungsprozesse zu schaffen. Dies führt zwangsläufig zu erhöhten Logistikkosten. Hierbei spielen die reinen Lagerkosten eine untergeordnete Rolle. Vielmehr sind es die Transport-, Ein- und Auslagerungskosten sowie die Be- und Entladung, die die Wirtschaftlichkeit negativ beeinträchtigen.

Es ist deshalb bedeutsam, dass diejenige Fläche, auf der die Produktion bzw. Dienstleistung durchgeführt wird, möglichst effizient genutzt wird. Es ist deshalb zu prüfen, wie und womit diese belegt ist. Insbesondere Bereiche, die nicht oder nicht-wertschöpfend genutzt werden, bieten häufig ein nicht unerhebliches Potenzial. Gerade gewachsene Strukturen erweisen sich als „Fundgrube", um weitere Flächen für Wertschöpfung zu generieren. Ein im ersten Anschein teurer Umzug von Anlagen und Maschinen kann trotzdem zu einer kurzen Amortisationszeit führen.

Werden Flächen im Detaillayout betrachtet und persönlich in Augenschein genommen, so lässt sich nicht selten feststellen, dass die Belegung der Fläche nicht ideal ist. Freiflächen, zu groß geratene administrative Arbeitsplätze oder hohe Reichweiten sind eindeutige Indikatoren für eine Flächenverschwendung (siehe Abb. 3.5).

Bei der Betrachtung von einem Produktions- bzw. Dienstleistungsbereich in seiner Gesamtheit lässt sich feststellen, dass es Flächen gibt, auf denen Anlagen nicht platziert werden können. Dies können z. B. die Bereiche vor Außenwänden mit Fenstern oder Fahrwege in den Lagerbereich sein. Aus Sicht der Wertschöpfung sind diese Flächen weniger wertvoll. Bei einer klassischen Controlling-Betrachtung der Kosten eines Quadratmeters Produktionsfläche wird i. d. R. je nach Infrastruktur gleich bewertet. Eine besser geeignete Kennzahl, die die Effizienz der genutzten Fläche beschreibt, ist die Rendite pro Quadratmeter.

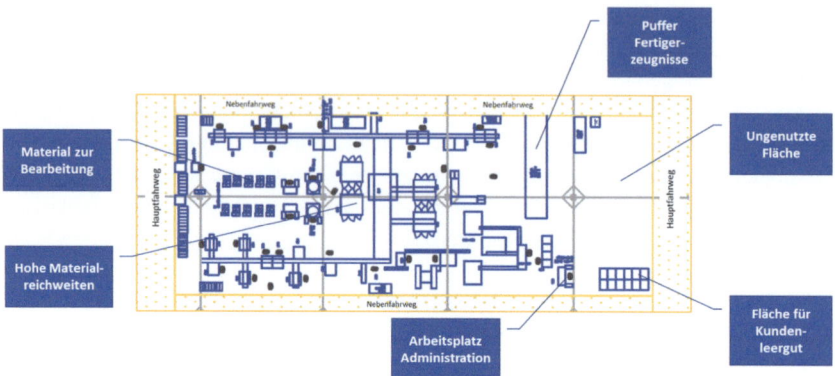

Abb. 3.5 Minimaler Flächenverbrauch für Nicht-Wertschöpfung. (Quelle: Eigene Darstellung 2018)

Unterstellt sei im Folgenden, dass die Rendite positiv ist. Weiterhin werden nur diejenigen Flächen berücksichtigt, auf denen tatsächlich produziert bzw. die Dienstleistung erbracht werden kann. Diese Kennzahl bietet somit eine Aussage über die Konzentration der Wertschöpfung. Ziel ist es, diesen Wert permanent zu erhöhen. Erreicht wird das durch Konzentration auf die Wertschöpfung und Eliminierung bzw. Minimierung von Verschwendung. Dadurch wird es möglich, weitere Flächen zu generieren. Diese können genutzt werden, um mehr Wertschöpfung auf der vorhandenen Fläche zu integrieren oder ausgelagerte Tätigkeiten und Flächen zurück zu holen.

3.2.2 Maximaler Wertschöpfungsbeitrag des Personals

Es gibt drei Arten von Tätigkeiten, die sich im Wertschöpfungsbeitrag unterscheiden. Das sind

- wertschöpfende,
- wertschöpfungsunterstützende und
- nicht-wertschöpfende Tätigkeiten.

Leicht nachvollziehbar ist, dass das Personal möglichst gewinnbringend eingesetzt werden soll. Anders ausgedrückt sind diejenigen Tätigkeiten wichtig, die einen Wertbeitrag für das Produkt bzw. die Dienstleistung erbringen. Es ist

3.2 Dimensionen der Wertschöpfungskonzentration

deshalb zielführend, sich auf diejenigen Tätigkeiten zu konzentrieren, für die der Kunde bereit ist zu zahlen. Genau jene Tätigkeiten werden als wertschöpfend bezeichnet.

Um die Wertschöpfung zu gewährleisten, sind wertschöpfungsunterstützende Prozesse notwendig. Auch hierfür wird i. d. R. Personal benötigt. Im dritten Fall handelt es sich um Tätigkeiten, die nicht unbedingt notwendig sind und eliminiert werden sollten. Besteht trotzdem eine Notwendigkeit, so bietet es sich an, diese durch Digitalisierung oder Automatisation zu ersetzen.

Die wertschöpfenden Tätigkeiten erfordern nicht selten eine spezielle Qualifikation, welche nicht beliebig durch einen anderen Mitarbeiter ersetzt werden kann. Beispielsweise soll ein Chirurg operieren und das Pflegepersonal soll sich um den Patienten kümmern. Ein anderes Beispiel wäre, dass der wertschöpfende Mitarbeiter in der Produktion das Erzeugnis fertigen soll. Lässt man einen Mitarbeiter mit dieser Qualifikation eine nicht-wertschöpfende oder wertschöpfungsunterstützende Tätigkeit durchführen, so steht er in dieser Zeit nicht für die Wertschöpfung zur Verfügung.

Der Wertschöpfungsprozess verlangsamt sich genau in dem Fall, wenn die spezielle Qualifikation zeitgleich benötigt wird. Bezugnehmend auf die oben genannten Beispiele heißt dies, dass der Zeitaufwand für die Dokumentation bei Ärzten eliminiert bzw. minimiert werden muss. In dem Beispiel aus der Produktion soll der Mitarbeiter seinen Arbeitsplatz möglichst nicht verlassen und das Material wird ihm direkt an den Arbeitsplatz zugeführt.

Abb. 3.6 zeigt ein typisches Beispiel aus der Produktion für vergeudete Zeit des Mitarbeiters an einer Maschine, die für die Wertschöpfung genutzt werden könnte.

Betrachtet man die zukünftige Perspektive, so werden die Automatisierung und die Digitalisierung den Wertschöpfungsgrad positiv beeinflussen. Beispiele hierfür sind die automatisierte Materialbereitstellung, die Maschine, die das zu bearbeitende Erzeugnis erkennt und vollautomatisch die erforderliche Software in die Anlage lädt, oder die Information des Mitarbeiters, an welcher Anlage er seine Tätigkeit fortsetzen soll.

Grundsätzlich gilt, dass der Grad der Wertschöpfung für jeden Mitarbeiter in Abhängigkeit von der Art der Tätigkeit und dem erforderlichen Zeitaufwand messbar ist.

3.2.3 Optimale Maschinen- und Anlagennutzung

Neben dem Personaleinsatz und der Flächenbelegung hat die optimale Auslastung von Maschinen, Anlagen und besonderen Einrichtungen einen erheblichen Einfluss auf die Wertschöpfung. Je kostenintensiver diese Ressourcen sind, desto

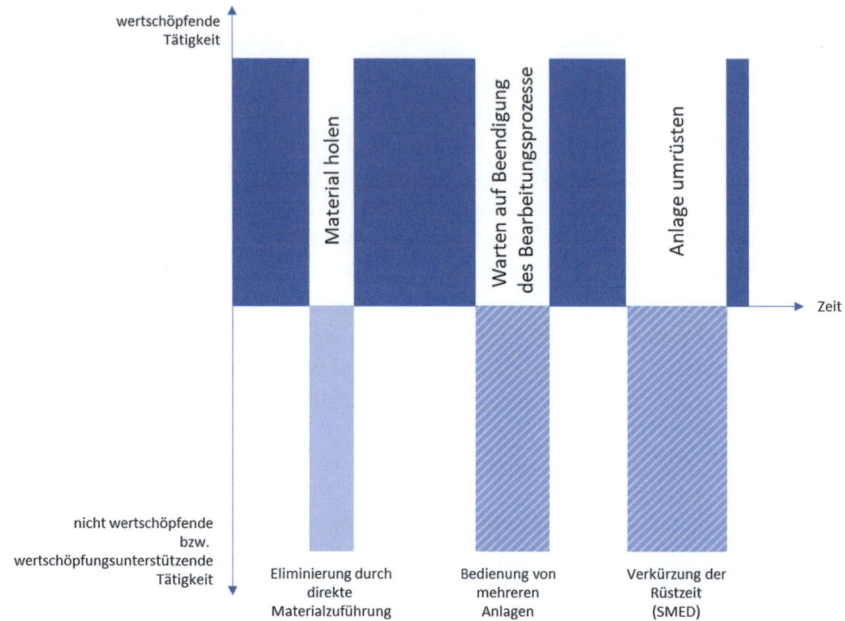

Abb. 3.6 Beispielhafte Darstellung Personaleinsatz. (Quelle: Eigene Darstellung 2018)

höher ist die wirtschaftliche Bedeutung. Es gilt folglich, diese Ressourcen möglichst hoch auszulasten. Dabei spielt einerseits die Gesamtanlageneffektivität eine Rolle und andererseits die Betriebszeit im Verhältnis zur verfügbaren Zeit.

Die Gesamtanlageneffizienz (OEE – Overall Equipment Effectiveness) ist das Produkt aus dem Qualitäts-, Leistungs- und Nutzungsfaktor. Diese Kennzahl wurde von Seiichi Nakajima (vgl. Nakajima 1995) entwickelt und hat sich im Rahmen des Total Productive Maintenance in der Praxis zur Verbesserung der Prozesse durchgesetzt. Hierbei wird die tatsächliche Ausbringung einwandfreier Teile mit der theoretisch maximalen Ausbringungsmenge ins Verhältnis gesetzt (vgl. May und Koch 2008). Sie ist folglich ein wesentliches Element der Wertschöpfungskonzentration. Bei der Ermittlung der OEE wird nur die geplante Nutzungszeit berücksichtigt. Zeiten, für die keine Produktionszeit vorgesehen ist, z. B. nur Zweischichtbetrieb, werden explizit ausgenommen. Hierfür gibt es unterschiedliche Gründe, die auf das notwendige Produktionsvolumen oder auf einen geringeren Personaleinsatz zurückzuführen sind.

Bei einer Losgrößen- bzw. Batchfertigung wird zwangsläufig eine höhere OEE erreicht, wenn die Anlage selten gerüstet werden muss. Dieses führt i. d. R.

3.2 Dimensionen der Wertschöpfungskonzentration

zu höheren Beständen und zu einer geringeren Flexibilität, auf kurzfristige Schwankungen im Bedarf zu reagieren. Das Ziel muss folglich sein, die Rüstzeitunterbrechungen vom letzten einwandfreien Teil bis zum ersten einwandfreien Teil einer anderen Variante zu reduzieren. Die Methode des SMED (Single Minute Exchange of Die) wurde erstmals von Shigeo Shingo publiziert (vgl. Shingo 1985). Durch die Anwendung dieser Methode können mehr verschiedene Varianten bei gleicher Ausbringungsmenge pro Zeiteinheit produziert werden.

Die Nutzung von kostenintensiven Anlagen sollte möglichst geringe (geplante) Stillstandzeiten haben. Deshalb ist es wichtig, möglichst dreischichtig zu produzieren. Dies erfordert eine deutlich höhere technische Flexibilität, um möglichst viele verschiedene Varianten auf dieser Anlage zu produzieren. Hierbei wird zukünftig der Digitalisierungs- und Automatisierungsprozess helfen. So muss eine für die Anlage notwendige Software nicht mehr individuell aufgespielt werden, sondern die Anlage fordert die benötigte Software selbst an und lädt diese in das System. Die Bedeutung der effektiven Produktivität (TEEP – Total Effective Equipment Productivity, vgl. Hartmann 2013, S. 37 f.), also einschließlich geplanter Stillstandzeiten, wird folglich zunehmen. Es liegt also nahe, die TEEP auch zu visualisieren (siehe Abb. 3.7).

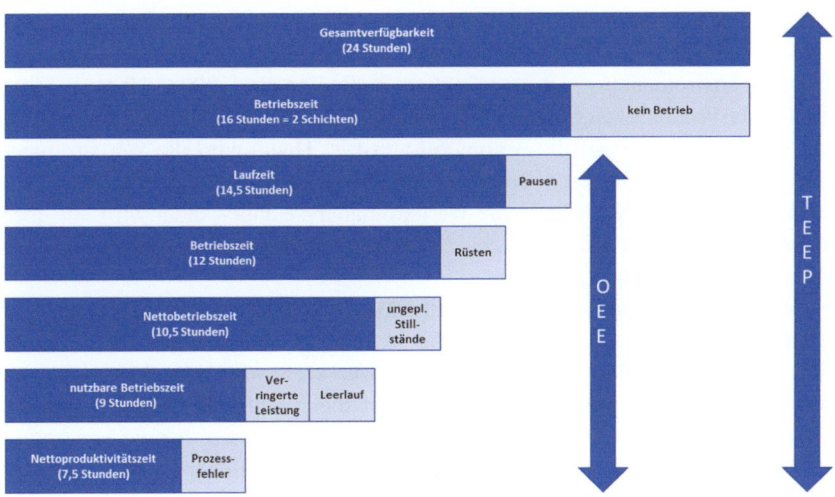

Abb. 3.7 Optimale Maschinen- und Anlagennutzung. (Quelle: In Anlehnung an Hartmann 2013, S. 44)

Immer wieder treten in der Praxis Fälle auf, bei denen eine Anlage auf den Bediener wartet. Insbesondere bei Engpassmaschinen, auch wenn es sich nicht um kostenintensive Anlagen handelt, ist diese Situation als äußerst kritisch zu werten, da die mögliche Ausbringungsmenge nicht erreicht wird.

3.3 Visualisierungsmethoden der Wertschöpfung

Es gibt bereits heute eine Reihe von Methoden, um die Wertschöpfung von Prozessen zu analysieren und zu bewerten. In diesem Kapitel wird zunächst exemplarisch auf die bestehenden Visualisierungsmethoden Wertstromanalyse, Sankey-Diagramm und Spaghettidiagramm eingegangen. Die Aufzählung erhebt keinen Anspruch auf Vollständigkeit. Abschließend wird auf die innovative Methode Value Added Heat Map nach Schröder und Tomanek eingegangen.

3.3.1 Wertstromanalyse

Unter dem Begriff Wertstrom wird die Verbindung aller Aktivitäten verstanden, die benötigt werden, um ein Produkt vom Ausgangszustand in den vom Kunden gewünschten Endzustand zu bringen (vgl. Klevers 2007). Wo immer es ein Produkt für einen Kunden gibt, gibt es auch einen Wertstrom (vgl. Rother und Shook 2000).

Die Wertstromanalyse ist ursprünglich zu Beginn der 1990er Jahre im Zuge des Toyota-Produktionssystems entwickelt worden. Ihre Anwendung beschränkte sich daher zuerst nur auf die Automobilindustrie. Heute wird die Wertstromanalyse auch in vielen anderen Branchen zur Prozessverbesserung eingesetzt (vgl. Koch 2015, S. 137). Gleich wo die Wertstromanalyse angewendet wird, ihr übergeordnetes Ziel ist stets das Aufdecken und Vermeiden von Verschwendung innerhalb eines Produktionsprozesses.

Die Wertstromanalyse ist eine Methode zur Abbildung des Ist-Zustands in Form einer Multimomentaufnahme. Sie besteht aus den Komponenten Kunde, Lieferant, Produktions- und Geschäftsprozesse, sowie den Material- und Informationsflüssen. Der Kunde repräsentiert die Nachfrage, nach der sich der komplette Output des Wertstroms richtet. Der Lieferant steht für die Versorgung der Produktion mit Rohmaterialien und Teilen. Produktionsprozesse verstehen sich in der Wertstromanalyse als produzierende Tätigkeiten. Geschäftsprozesse beinhalten die Aufgaben der Auftragsabwicklung, wie die Planung und Steuerung. Der Materialfluss ist der Transport der Materialien zwischen den bereits

3.3 Visualisierungsmethoden der Wertschöpfung

erwähnten Produktionsprozessen. Der Informationsfluss beschreibt die Kommunikation zwischen den Produktions- und den Geschäftsprozessen mittels Daten und Dokumenten (vgl. Erlach 2010, S. 32–33; Koch 2015, S. 138).

Jeder der verschiedenen Komponenten können Kennwerte zugeordnet werden. Für Produktionsprozesse werden z. B. die Anzahl der Mitarbeiter, das Schichtmodell sowie die Zyklus- und Bearbeitungszeit ermittelt. Für den Kunden wird u. a. der Kundentakt ermittelt. Dieser sagt aus, wie viel Zeit für die Produktion eines Produktes im Mittel vorhanden ist, um die Kundennachfrage zu decken (vgl. Koch 2015, S. 143).

Zur Erstellung einer Wertstromanalyse sind vier Teilschritte nötig. Im ersten Schritt erfolgt eine Produktfamilienbildung. Produktfamilien durchlaufen in einem Produktionsprogramm die gleichen Produktionsprozesse. Für jede Produktfamilie wird daher ein separater Wertstrom erfasst. Als zweiter Schritt ist eine Kundenbedarfsanalyse durchzuführen. Bei dieser gilt es insbesondere, den Kundentakt und Kundenbedarfsschwankungen zu berücksichtigen. Als dritter Teilschritt folgt die eigentliche Aufnahme des Wertstromes auf dem Shop-Floor. Dies erfolgt meist in zwei Durchgängen. Im ersten Durchgang werden die einzelnen Produktionsprozesse und Materialflüsse erfasst. Hierbei werden auch bereits die benötigten Kennwerte, wie z. B. die Bearbeitungszeit, erfasst. In der Wertstromanalyse werden, anders als beim Sankey-Diagramm, auch die Materialbestände erfasst, die mithilfe der Reichweite in eine Zeiteinheit umgerechnet werden können. Idealerweise beginnt dieser erste Durchgang beim Versand und erfolgt dann „flussaufwärts" bis hin zur Warenanlieferung. In einem zweiten Durchgang werden die Geschäftsprozesse und die Verknüpfungen zwischen diesen und der Produktion erfasst. Dieser Erfassungsprozess beginnt ebenfalls wieder idealerweise möglichst weit „flussabwärts", hier also bei der Kundenauftragsannahme, und erfolgt dann rückwärtig an allen Arbeitsplätzen, die für die Produktion Papiere und Informationen weiterleiten bzw. erstellen. Als letzter Teilschritt ist der nun erfasste Wertstrom auf Verbesserungspotenziale hin zu prüfen, welche dann durch Kaizen-Blitze abgebildet werden (vgl. Erlach 2010, S. 36).

Bei der Wertstromanalyse wird der Durchlaufzeit eine besondere Bedeutung beigemessen. Die Durchlaufzeit setzt sich zusammen aus der Summe der tatsächlichen Bearbeitungszeiten und der Zeitspanne zwischen zwei aufeinanderfolgenden Bearbeitungsschritten (vgl. Wöhe 2000). Zur Beurteilung der Wertschöpfung wird ein Wertstromkoeffizient herangezogen. Dieser gibt an, welcher Anteil der gesamten Durchlaufzeit auf die Bearbeitungszeit entfällt (vgl. Lindner und Becker 2016). Ein Beispiel einer Wertstromanalyse ist stark vereinfacht in Abb. 3.8 dargestellt.

24 3 Wertschöpfungskonzentration

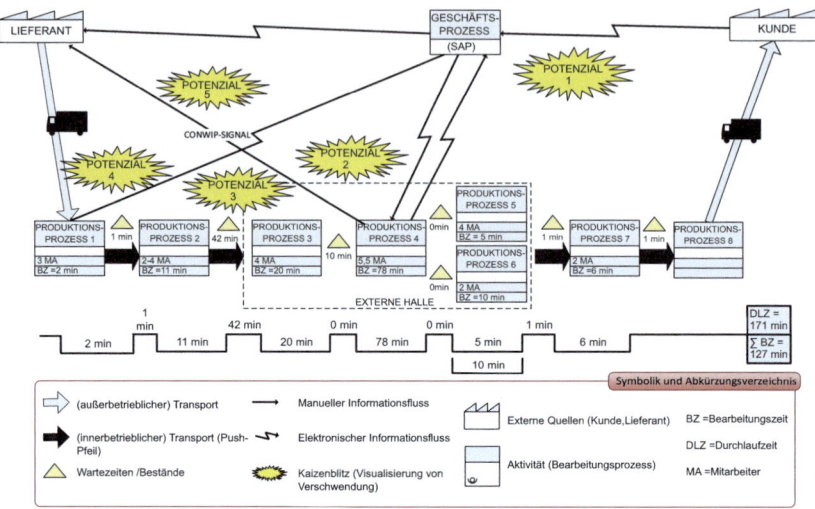

Abb. 3.8 Wertstromanalyse. (Quelle: Eigene Darstellung 2018)

Die Wertstromanalyse versteht sich als reines Analysetool. Sie erlaubt aufgrund einer simplen Nomenklatur die komplette Darstellung einer Produktion vom Lieferanten bis zum Kunden aus einer Vogelperspektive heraus. Ihr besonderer Mehrwert liegt in der schnellen Potenzialerkennung durch Aufzeigen von Verschwendung und in einem Zugewinn von Übersicht (vgl. Erlach 2010, S. 32).

Eine Weiterentwicklung der „klassischen" Wertstromanalyse ist die logistikorientierte Wertstromanalyse, bei der der Beitrag der Logistik zur betrieblichen Wertschöpfung im Fokus steht (vgl. Günthner et al. 2013).

3.3.2 Sankey-Diagramm

Das Sankey-Diagramm ist ein Analysetool zur Visualisierung von Material-, Energie- und Kostenflüssen. Es setzt sich aus zwei Hauptkomponenten, nämlich den Prozessschritten und den Pfeilen zusammen. Die Pfeile verbinden die zu durchlaufenden Prozessschritte miteinander und geben die Flussrichtung des Stoffes wieder. Die Dicke der Pfeile repräsentiert zudem die Menge des im Fluss befindlichen Stoffes (vgl. Klepzig 2014, S. 98). Das ursprünglich nur zur Analyse von thermodynamischen Systemen verwendete Sankey-Diagramm wird

3.3 Visualisierungsmethoden der Wertschöpfung

bereits erfolgreich auf andere Branchen adaptiert (vgl. Sankey 1896). Die in der Wärmelehre identifizierten Energieverluste entsprechen – übertragen auf das System einer Fabrik – den Materialverlusten, etwa durch Produktionsfehler oder ineffiziente Prozesse. Somit bietet diese Methode in der Industriebetriebslehre die Möglichkeit, Materialströme innerhalb einer Fabrik bedarfsgerecht zu planen.

Im Sankey-Diagramm werden nur die im Fluss befindlichen Stoffe visualisiert. Dazu gehört z. B. das Material vom Wareneingang bis zum Warenausgang einer Fabrik. Bestände im Warenlager und an den einzelnen Arbeitsplätzen finden hingegen keine Berücksichtigung (vgl. Kamiske 2013). Bei der Erstellung eines Sankey-Diagramms müssen in einem ersten Schritt zunächst die Flüsse innerhalb des betrachteten Teilsystems aufgenommen werden. Unter Zuhilfenahme von Fertigungsstücklisten und Arbeitsplänen werden dazu die Prozessreihenfolgen bestimmt sowie die Fertigungsmenge den jeweiligen Arbeitsschritten zugeordnet. Festgehalten werden die Mengenbeziehungen in der Regel in einer Matrix mit Anfangs- und Endpunkten sowie Häufigkeit bzw. Aufkommen.

Die „Von-Nach-Matrix" kann anschließend grafisch in ein Sankey-Diagramm überführt werden. Die Zahlenwerte in der Matrix geben dabei die Dicke der Verbindungspfeile wieder (vgl. Schulte 2009). Die Visualisierung des Sankey-Diagramms kann darüber hinaus mit einem Fabriklayout verbunden werden (siehe Abb. 3.9). Diese Form der Darstellung bietet den Vorteil einer korrekten räumlichen Zuordnung der Arbeitsschritte und Materialbewegungen. Je komplexer die abzubildenden Materialflüsse sind, desto unübersichtlicher wird das Sankey-Diagramm. Der Aussagegehalt sinkt (vgl. Fortmann und Kallweit 2007).

Das Sankey-Diagramm erlaubt aufgrund seiner einfachen modellhaften Darstellungsform Aussagen über die Wertschöpfung des betrachteten Systems. Es deckt im Umkehrschluss Nicht-Wertschöpfung (Verschwendung) auf. Angewandt

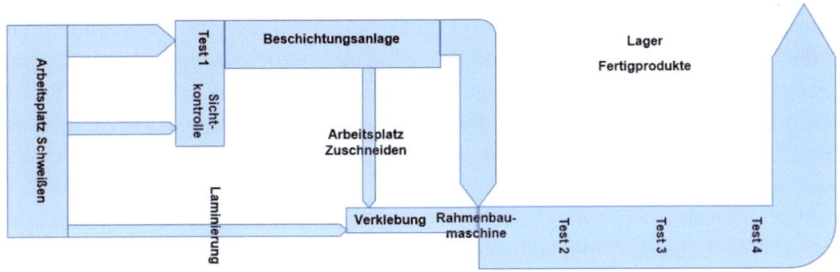

Abb. 3.9 Sankey-Diagramm. (Quelle: Eigene Darstellung 2018)

auf das Beispiel der Produktion, erlaubt ein Sankey-Diagramm z. B. das Aufdecken von sich kreuzenden Materialflüssen und eines hieraus resultierenden Rückstaus. Darüber hinaus können auch Transportengpässe und Materialschleifen aufgezeigt und hierdurch Wartezeiten in der Produktion erklärt werden. Auch könnten durch eine Neuanordnung der Arbeitsplätze die Transportwege innerhalb der Fabrik deutlich reduziert und auch die Anzahl der sich im Materialfluss befindlichen Transportmittel gesenkt werden (vgl. Klepzig 2014, S. 86).

Die Implementierung eines layoutgerechten Materialflusses kann positive Auswirkungen auf die Qualität, die Mitarbeiter, die Wirtschaftlichkeit sowie auf die Umwelt haben. Positive Effekte auf die Qualität können sich beispielsweise aus der Vermeidung unnötiger Transporte in der Fabrik ergeben. Für die Mitarbeiter erhöht sich hierdurch die Arbeitsergonomie. Durch das Vermeiden von Verschwendung und einem ggf. erhöhten Output bei gleichen Produktionsfaktoren würde sich die Wirtschaftlichkeit der Fabrik erhöhen. Durch die erhöhte Effizienz könnten hier etwa Energiekosten eingespart und Emissionen reduziert werden. Dadurch ergeben sich wiederum positive Auswirkungen auf die Umwelt (vgl. Morghen 2010).

3.3.3 Spaghetti-Diagramm

Das Spaghetti-Diagramm ist eine Methode, um Arbeitsabläufe und Materialflüsse darzustellen. Die Aufnahme der zurückgelegten Wege des Personals oder des Materials dient der Visualisierung von Verschwendung. Vorrangiges Ziel des Spaghetti-Diagramms ist es, Verschwendung, insbesondere in Form von Bewegung, aufzudecken (siehe Abschn. 3.1, vgl. Lunau 2014, S. 195).

Für die Erstellung eines Spaghetti-Diagramms wird ein realitätsgetreues Layout des relevanten Bereichs benötigt, das alle Einrichtungsgegenstände und Anlagen beinhaltet (vgl. Wichert 2014). Im Layout werden Personal- oder Materialbewegungen in Form von Linien eingezeichnet. Es wird empfohlen, bereits während der Ist-Aufnahme die einzelnen Arbeitsabläufe direkt in eine Skizze einzutragen, um Ungenauigkeiten zu vermeiden. Werden mehrere Personen oder Materialien gleichzeitig analysiert, so ist dies zwingend hervorzuheben (vgl. Lunau 2014, S. 195). Durch unterschiedliche Farbgestaltung für Personal oder Material auf dem Layout kann die Übersichtlichkeit des Spaghetti-Diagramms gewahrt werden. Die Darstellung von Arbeitsabläufen in Form von Linien ähnelt abstrakt Spaghetti, wodurch auch die Bezeichnung des Diagramms entstanden ist (siehe Abb. 3.10, vgl. Hollenstein und Brand 2017).

3.3 Visualisierungsmethoden der Wertschöpfung

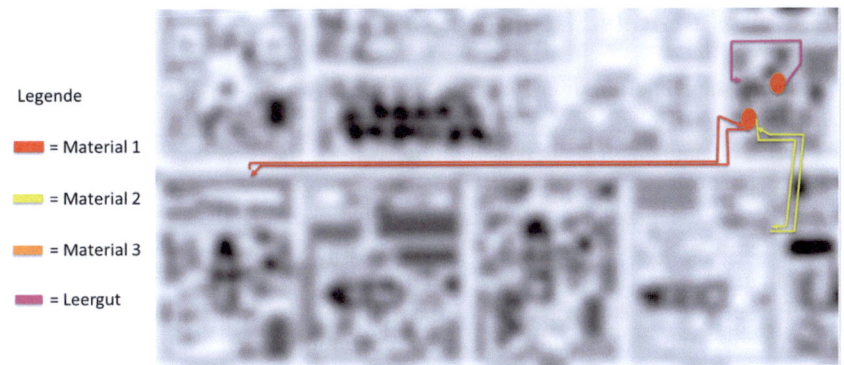

Abb. 3.10 Spaghetti-Diagramm. (Quelle: Eigene Darstellung 2018)

In der Regel lassen sich mithilfe des Spaghetti-Diagramms bereits in der Beobachtungsphase nicht-wertschöpfende Wegestrecken identifizieren (vgl. Hollenstein und Brand 2017). Nach der Datenaufnahme folgt die Analyse. Es wird zwischen qualitativer und quantitativer Auswertung unterschieden.

Bei der qualitativen Analyse liegt der Schwerpunkt auf den augenscheinlich unübersichtlich oder dick eingezeichneten Wegstrecken, die ein Indiz für Verschwendung sind. Es gilt vereinfacht die Annahme: Je unübersichtlicher bzw. dicker die Linien auf dem Layout dargestellt sind, desto ineffizienter sind die zurückgelegten Wegstrecken. Die qualitativen Ergebnisse werden durch eine quantitative Analyse gestützt. Das quantitative Ergebnis des Spaghetti-Diagramms stellt die zurückgelegten Gesamtstrecken innerhalb eines Betrachtungszeitraumes tabellarisch dar. Die Tabelle der quantitativen Auswertung enthält i. d. R. Informationen zu Betrachtungszeitraum, Ort der Messung, zurückgelegter Distanz, Anzahl der Wege und der daraus resultierenden Gesamtentfernung (vgl. Wichert 2014).

Das Spaghetti-Diagramm ist ein einfaches, aber effektives Werkzeug zur Identifizierung von Verschwendung. Rückkehrschlüsse auf Wertschöpfung sind nicht möglich. Mit ansteigender Komplexität der analysierten Prozesse verliert das Spaghetti-Diagramm zudem deutlich an Übersichtlichkeit. Durch einen definierten Fokus bleibt das Spaghetti-Diagramm überschaubar. Prozesse mit einer Vielzahl von unterschiedlichen Variablen sind für die Darstellung mittels Spaghetti-Diagramm ungeeignet (vgl. Lunau 2014, S. 196).

3.3.4 Value Added Heat Map

Eine Heat Map ähnelt in ihrer Funktionsweise dem Bild einer Wärmebildkamera. Jedes Objekt, das oberhalb des absoluten Nullpunktes ist, strahlt Wärme aus. Für das menschliche Auge ist die Ausstrahlung von Wärme erst bei 100 °C sichtbar, wenn beispielsweise ein Objekt anfängt zu glimmen. Mithilfe einer Infrarotkamera kann die unsichtbare Wärmestrahlung sichtbar gemacht werden. Umso wärmer ein Objekt oder auch eine Person ist, desto kürzere Wellen werden von der Kamera aufgefasst. Dadurch entsteht je nach Temperatur eine unterschiedliche Farbgebung, wobei, wie bei der Heat Map, rote Farbe für höhere Temperaturen verwendet wird. Umso niedriger die Temperatur des Betrachtungsobjektes ist, desto dunkler werden die Farben (vgl. Fouad und Richter 2012). In der Industrie werden Heat Maps hauptsächlich zur Visualisierung von Wärme in Anlagen verwendet (vgl. Fraaß 2015).

Die Value Added Heat Map entspricht dem Aufbau eines Wärmebilds, das die Wertigkeit von produktions- oder dienstleistungsrelevanten Faktoren layoutbasiert visualisiert. Die theoretische Grundlage für die Erstellung einer VAHM (Value Added Heat Map) ist das Konzept der Wertschöpfungskonzentration. In Anlehnung an die Dimensionen der Wertschöpfungskonzentration liegt der Fokus der Value Added Heat Map auf der wertschöpfungsorientierten Visualisierung der Flächennutzung, der Anlagenauslastung und dem Personaleinsatz.

Im Vergleich zu bestehenden Visualisierungsmethoden, wie Wertstromanalyse oder Sankey-Diagramm, stellt die VAHM eine sinnvolle Ergänzung zur Bewertung der Wertschöpfungsaspekte und Visualisierung von Verschwendungspotenzialen dar. Auf die Anwendungsmöglichkeiten des layoutbezogenen Wertschöpfungsprogramms Value Added Heat Map nach Schröder und Tomanek wird in den folgenden Kapiteln detailliert eingegangen. Dabei werden Methodik, Bewertungsskala und Wertschöpfungskennzahlen erörtert, die durch praktische Anwendungsbeispiele untermauert werden.

Literatur

Bergmann L, Lacker M (2009) Denken in Wertschöpfung und Verschwendung. In: Dombrowski U et al (Hrsg) Modernisierung kleiner und mittlerer Unternehmen: Ein ganzheitliches Konzept. Springer, Berlin, S 161

Erlach K (2010) Wertstromdesign: Der Weg zur schlanken Fabrik. Springer, Berlin

Finkeissen A (1999) Prozess-Wertschöpfung: Neukonzeption eines Modells zur nutzenorientierten Analyse und Bewertung. BoD – Books on Demand, Heidelberg, S 46 ff.

Fortmann KM, Kallweit A (2007) Logistik, 2. Aufl. Kohlhammer, Stuttgart, S 74

Fouad NA, Richter T (2012) Leitfaden Thermografie im Bauwesen. Fraunhofer IRB, Stuttgart, S 41 f.

Fraaß M (2015) HeatMap – Visualisierung von Heizenergieverschwendungen in öffentlichen Gebäuden durch eine HeatMap. https://projekt.beuth-hochschule.de/fileadmin/projekt/heatmap/HeatMap-researchday2015.pdf. Zugegriffen: 29. Okt. 2017

Günthner WA, Durchholz J, Klenk E, Boppert J (2013) Schlanke Logistikprozesse: Handbuch für den Planer. Springer Vieweg, Berlin, S 135

Hartmann EH (2013) TPM – Effiziente Instandhaltung und Maschinenmanagement, 4. Aufl. Vahlen, München

Hollenstein E, Brand T (2017) Spaghetti-Diagramm. In: Angerer A (Hrsg) LHT-BOK – Lean Healthcare Transformation Body of Knowledge, Version 1.0. Winterthur. https://www.zhaw.ch/storage/sml/institute-zentren/wig/Leanhealth/Tool_Spaghetti_Diagramm.pdf. Zugegriffen: 7. Okt. 2017

Kamiske GF (2013) Handbuch QM-Methoden: Die richtige Methode auswählen und erfolgreich umsetzen, 2. Aufl. Hanser, München, S 325

Klepzig H-J (2014) Working Capital und Cash Flow: Finanzströme durch Prozessmanagement optimieren, 3. Aufl. Gabler, Wiesbaden (im Druck)

Klevers T (2007) Wertstrom-Mapping und Wertstrom-Design: Verschwendung erkennen – Wertschöpfung steigern. mi, Landsberg am Lech, S 27

Koch S (2015) Einführung in das Management von Geschäftsprozessen: Six Sigma, Kaizen und TQM, 2. Aufl. Springer, Berlin

Liker JK, Braun A (2008) Der Toyota-Weg: 14 Managementprinzipien des weltweit erfolgreichsten Automobilkonzerns, 5., unveränd. Aufl. FinanzBuchVerlag, München, S 59 ff.

Lindner A, Becker P (2016) Wertstromdesign, 2. Aufl. Hanser, München, S 42

Lunau S (2014) Six Sigma and Lean Toolset: Mindset zur erfolgreichen Umsetzung von Verbesserungsprojekten, 5. Aufl. Springer Gabler, Frankfurt a. M.

May C, Koch A (2008) Overall Equipment Effectiveness (OEE). Z Unternehmensberat/ ZUb 2008(6):245

Morghen D (2010) Industriebetriebslehre: Grundlagen. Appelhans, Braunschweig, S 77, 97, 122 und 155

Nakajima S (1995) Management der Produktionseinrichtungen. Campus, Frankfurt a. M.

Ōno T (2013) Das Toyota-Produktionssystem. Das Standardwerk zur Lean Production, 3., erw. und aktualisierte Aufl. Campus, Frankfurt a. M., S 54

Reese J (2016) Management von Wertschöpfungsketten, 1. Aufl. Vahlen, München, S 80 ff.

Rother M, Shook J (2000) Sehen lernen: Mit Wertstromdesign die Wertschöpfung erhöhen und Verschwendung beseitigen, 1. Aufl. LOG_X, Stuttgart, S 3 ff.

Sankey HR (1896) "The thermal efficiency of steam-engines. (Including appendixes)", minutes of the proceedings 125, Nr. 1896, S 182–242

Schröder J, Tomanek DP (2012) Wertschöpfungsmanagement: Grundlagen und Verschwendung. Arbeit der Hochschule Ingolstadt Nr. 24, S 21

Schulte C (2009) Logistik: Wege zur Optimierung der Supply Chain, 5. Aufl. Vahlen, München, S 357

Shingo S (1985) A revolution in manufacturing: the SMED system. Productivity, Portland, S. 27 f.

Springer Gabler Verlag (Hrsg) (2018a) Gabler Wirtschaftslexikon. Stichwort: Automatisierung. http://wirtschaftslexikon.gabler.de/Archiv/72569/automatisierung-v7.html. Zugegriffen: 27. Apr. 2018

Springer Gabler Verlag (Hrsg) (2018b) Gabler Wirtschaftslexikon. Stichwort: Digitalisierung. http://wirtschaftslexikon.gabler.de/Archiv/-2046143105/digitalisierung-v4.html. Zugegriffen: 27. Apr. 2018

Wichert O (2014) Spaghetti-Diagramm. http://www.lean-production-expert.de/impressum/impressum.html. Zugegriffen: 7. Okt. 2017

Wöhe G (2000) Einführung in die allgemeine Betriebswirtschaftslehre, 20. Aufl. Vahlen, München, S 446 f.

Womack JP, Daniel T (2004) Lean thinking: Ballast abwerfen, Unternehmensgewinne steigern. Campus, Frankfurt a. M., S 41 ff.

Value Added Heat Map – Flächennutzung

4

Zusammenfassung

Die Value Added Heat Map ist ein Visualisierungstool, mit dem die Wertschöpfung von produktionsrelevanten Faktoren dargestellt werden kann. Zu den produktionsrelevanten Faktoren gehört die Nutzung der Fläche. Produktionsflächen stehen in der Regel begrenzt zur Verfügung. Aus Wertschöpfungssicht soll daher die verfügbare Fläche möglichst verschwendungsfrei genutzt werden. Mithilfe der Value Added Heat Map wird der Grad der Flächennutzung unter Wertschöpfungsgesichtspunkten gemessen. Das Ergebnis stellt die Grundlage für eine Optimierung des Produktionslayouts dar. In diesem Kapitel wird zunächst die zugrunde liegende Methodik der Value Added Heat Map zur Bewertung der Flächennutzung näher erläutert. Es wird die Bewertungsskala und die Kennzahl Wertschöpfungsdichte vorgestellt. Abschließend wird in einem Anwendungsbeispiel die Implementierung der Methode in der Praxis gezeigt.

4.1 Methodik

Die VAHM ist ein Visualisierungstool, das vorrangig eingesetzt wird, um Flächen, die Auslastung von Anlagen und die Nutzung des Wertschöpfungspersonals in Produktions- und Dienstleistungsunternehmen nach ihrer Wertigkeit darzustellen.

Flächen in Produktions- oder Dienstleistungsunternehmen werden in der betriebswirtschaftlichen Bewertung normalerweise mit den anteiligen Kosten pro Quadratmeter oder vergleichbaren Mietkosten bewertet. Es wird i. d. R. nicht unterschieden, über welchen Wert der Quadratmeter in Verbindung mit

Produktionsanlagen und der erforderlichen Infrastruktur verfügt. Dies führt häufig dazu, dass bestehende oder neu zu planende Layouts nicht hinreichend detailliert daraufhin analysiert werden, ob diese noch weitere Potenziale zur Flächenverdichtung bieten und ob die Anlagen im Materialfluss sinnvoller platziert werden könnten.

Diejenigen Flächen, auf denen die eigentliche Wertschöpfung mit Produktionsanlagen durchgeführt wird, auf denen also der Mehrwert geschaffen wird, sind besonders wertvoll. Darüber hinaus existieren Flächen, die notwendig sind, um die Anlagen zu betreiben. Hierzu zählen u. a. Flächen zum Bestücken einer Anlage, Bereitstellungsflächen für benötigtes Material bzw. an der Anlage produzierte fertige oder unfertige Erzeugnisse sowie Fahrwege, um die Anlagen zu erreichen. Flächen, die nicht genutzt werden, sind folglich nicht-wertschöpfend bzw. nicht wertschöpfungsunterstützend (siehe Abb. 4.1, vgl. Tomanek et al. 2016).

Ziel der Value Added Heat Map ist es, die Wertschöpfung der Flächen mithilfe einer farblichen Skalierung zu visualisieren und mithilfe einer aussagekräftigen Kennzahl vergleichbar zu machen. Das grafische Ergebnis der Analyse ähnelt einer Wärmebildaufnahme, aus der Verbesserungspotenziale sehr einfach abzulesen sind (siehe Abschn. 3.3.4. sowie Abb. 4.12).

Auf Basis der Value Added Heat Map lassen sich eine Reihe von Maßnahmen ableiten, die zur besseren Nutzung der vorhandenen Flächen dienen. Somit

Abb. 4.1 Beispiele unterschiedlich genutzter Flächen in der Produktion. (Foto: Dagmar Piotr Tomanek/Jürgen Schröder)

können etwaige bauliche Investitionen oder Anmietungen von Produktions- oder Logistikflächen vermieden werden. Dies führt zwangsläufig zu einer höheren Produktivität auf der vorhandenen Fläche und zu niedrigeren Kosten. Alternativ können zusätzlich benötigte Anlagen in die vorhandene Fabrik integriert werden. Ausgehend von einer positiven Rendite dieser Anlagen, würde sich die Rendite pro Quadratmeter in der Fabrik erhöhen.

4.2 Bewertungsskala

Für die Flächennutzung wird zwischen besonders wertvoll genutzten, wertschöpfungsunterstützenden und nicht-wertschöpfenden bzw. nicht-wertschöpfungsunterstützenden Flächen unterschieden. Die gewählte Skala von 0 bis 8 zeigt beispielhaft die Möglichkeit der farblichen Zuordnung der belegten Flächen. So sind diejenigen Flächen, auf denen Produktionsanlagen stehen, als maximal wertschöpfend, also mit dem Wertschöpfungsgrad 8, zu bewerten. Flächen, die ohne Nutzung und schwer zugänglich sind, sind als nicht-wertschöpfend, also mit dem Wertschöpfungsgrad 0, zu bewerten. Bei den Wertschöpfungsgraden zwischen 1 und 7 wird eine bedingte Wertschöpfung angenommen (siehe Abb. 4.2, vgl. Tomanek et al. 2016).

Fahrwege in einer Fabrik entsprechen den Venen eines Blutkreislaufs. Sie dienen primär der Materialver- bzw. -entsorgung und ermöglichen einen Zugang der Mitarbeiter zu den Arbeitsplätzen (siehe Abb. 4.3, vgl. Tomanek et al. 2016).

Bei der Gestaltung und Optimierung der Fahrwege sind Faktoren wie Sicherheit, Corporate Design oder die historisch gewachsene Bausubstanz zu beachten. Aus diesem Grund wird bei der Erstellung einer VAHM für die Fläche der Fahrwege zunächst eine neutrale Beurteilung empfohlen. Einen innovativen Ansatz zur Bewertung des innerbetrieblichen Verkehrsaufkommens bietet die von den Autoren entwickelte Traffic Load Heat Map, die an die Methodik der Value Added Heat Map angelehnt ist (siehe Kap. 8).

Den niedrigsten Wertschöpfungsgrad haben freie Flächen, die für die Wertschöpfung nicht benutzt werden und zudem unzugänglich sind. Diese Flächen können beispielsweise durch gesperrte Nicht-in-Ordnung-Teile oder Leergut belegt sein (siehe Abb. 4.4, vgl. Tomanek et al. 2016). Aufgrund des physischen Aufwands, um die Fläche freizugeben, werden die Flächen in dieser Kategorie mit 0 bewertet. Sperrflächen sollten nach Möglichkeit im logistischen Bereich und keinesfalls im Produktionsbereich angesiedelt werden. Leergutflächen können minimiert werden, indem mit der Materialversorgung gleichzeitig leere Ladungsträger und Abfall mitgenommen werden.

Bedeutung	Wertschöpfungsgrad	Dimension Flächenbelegung
Neutral	-	Neutral zu bewerten sind i.d.R. Fahrwege, die durch Flurförderfahrzeuge genutzt werden, um die Materialversorgung sicherzustellen.
Nicht Wertschöpfung	0	Ungenutzte Fläche (nicht zugänglich und unbenutzt) sowie Flächen für Leergut, Abfall und gesperrte Nicht-in-Ordnung-Teile.
Bedingte Wertschöpfung	1	Ungenutzte Fläche (zugänglich und unbenutzt).
	2	Besprechungs- und Aufenthaltsräume, Mitarbeiterschränke sowie Büroflächen im Shopfloor.
	3	Fläche mit Fertig- und Zwischenprodukten sowie Materialfläche mehr als 5 Meter vom Arbeitsplatz entfernt.
	4	Materialfläche zwischen 1 und 5 Meter vom Arbeitsplatz entfernt.
	5	Materialfläche max. 1 Meter vom Arbeitsplatz entfernt.
	6	Administrativer Arbeitsplatz des Mitarbeiters an der Fertigungslinie.
	7	Operativer Arbeitsplatz des Mitarbeiters an der Fertigungslinie.
Maximale Wertschöpfung	8	Fertigungslinie (z.B. Maschinen, Roboter, etc.).

Abb. 4.2 Bewertungsskala Flächennutzung. (Quelle: In Anlehnung an Tomanek et al. 2016, S. 319)

4.2 Bewertungsskala

Abb. 4.3 Beispiel einer neutral zu bewertenden Fläche. (Foto: Dagmar Piotr Tomanek/Jürgen Schröder)

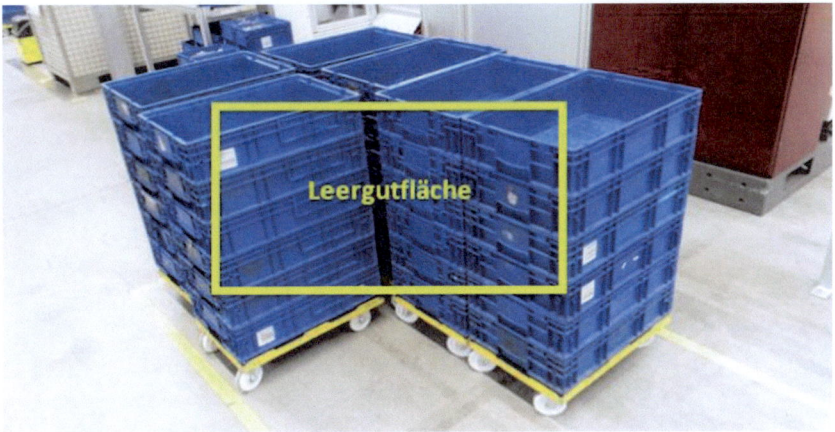

Abb. 4.4 Beispiel einer ungenutzten Fläche – Wertschöpfungsgrad 0. (Foto: Dagmar Piotr Tomanek/Jürgen Schröder)

Viel Potenzial zur Wertschöpfungsoptimierung bieten ungenutzte Flächen, die frei zugänglich sind (siehe Abb. 4.5, vgl. Tomanek et al. 2016). Sie werden mit dem Wertschöpfungsgrad 1 bewertet. Im Gegensatz zum Wertschöpfungsgrad 0 können diese Flächen ohne physischen Aufwand bei Bedarf direkt zur Wertschöpfung eingesetzt werden.

Mitarbeiterschränke, Besprechungs- und Aufenthaltsräume auf einer möglichen Produktionsfläche einer Fabrik sind im engeren Sinne nicht-wertschöpfend. Sie sind jedoch notwendig, um den Mitarbeitern eine Möglichkeit zu geben, sich kurzfristig miteinander zu besprechen oder auszuruhen (siehe Abb. 4.6, vgl. Tomanek et al. 2016).

Je nach Größe der Fabrik bestehen keine Alternativen, um diese Rückzugsorte für ein Fertigungsteam außerhalb des Shopfloors bereitzustellen. Aus diesem Grund werden diese Flächen in der VAHM mit dem Wertschöpfungsgrad 2 kategorisiert. Ein eingeführtes Shopfloor-Management kann zu einer bewussten Akzeptanz dieser nicht-wertschöpfenden Flächen in der Bewertung führen.

Produktionsinterne Bewegungen von Materialien tragen nicht direkt zur Wertschöpfung bei. Sie sind jedoch notwendig, um Wertschöpfung überhaupt zu ermöglichen. Materialflüsse führen zu einer Lagerung, die Fläche verbraucht. Je näher das benötigte Material am Arbeitsplatz bereitgestellt wird, desto weg- und zeiteffizienter ist der Bewegungsablauf des wertschöpfenden Personals. Folglich ist auch der Wertschöpfungsgrad der Materialbereitstellungsfläche in Abhängigkeit von der Entfernung zum Ort des Verbrauchs unterschiedlich.

Abb. 4.5 Beispiel einer ungenutzten Fläche – Wertschöpfungsgrad 1. (Foto: Dagmar Piotr Tomanek/Jürgen Schröder)

4.2 Bewertungsskala

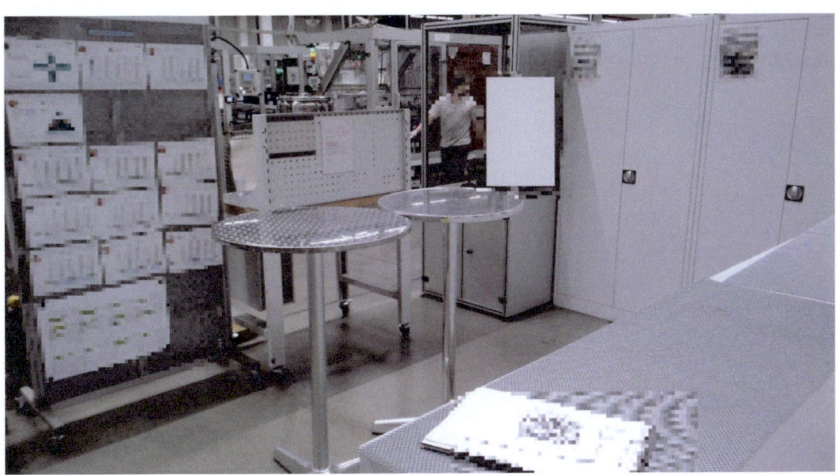

Abb. 4.6 Beispiel für einen Besprechungs – und Aufenthaltsraum im Shopfloor – Wertschöpfungsgrad 2. (Foto: Dagmar Piotr Tomanek/Jürgen Schröder)

Eine Materialfläche für Kaufteile, die mehr als 5 m vom Arbeitsplatz entfernt ist, hat einen Wertschöpfungsgrad von 3. In dieser Klasse werden auch Fertig- und Zwischenprodukte eingeordnet, die den Output eines Arbeitsschrittes darstellen (siehe Abb. 4.7, vgl. Tomanek et al. 2016). Die Materialfläche für Fertig- und Zwischenprodukte wird generell mit 3 bewertet, da sie unabhängig von der Nähe zum gelagerten Arbeitsplatz ist. Ihr Verbrauch findet üblicherweise räumlich an einem anderen Ort statt. Eine Verkettung der Anlagen mit einem One-Piece-Flow könnte zu einer Eliminierung dieser Fläche führen.

Abb. 4.7 Beispiel für eine Fläche mit Fertig- und Zwischenprodukten bzw. Materialfläche, die mehr als 5 m von Arbeitsplatz entfernt ist – Wertschöpfungsgrad 3. (Foto: Dagmar Piotr Tomanek/Jürgen Schröder)

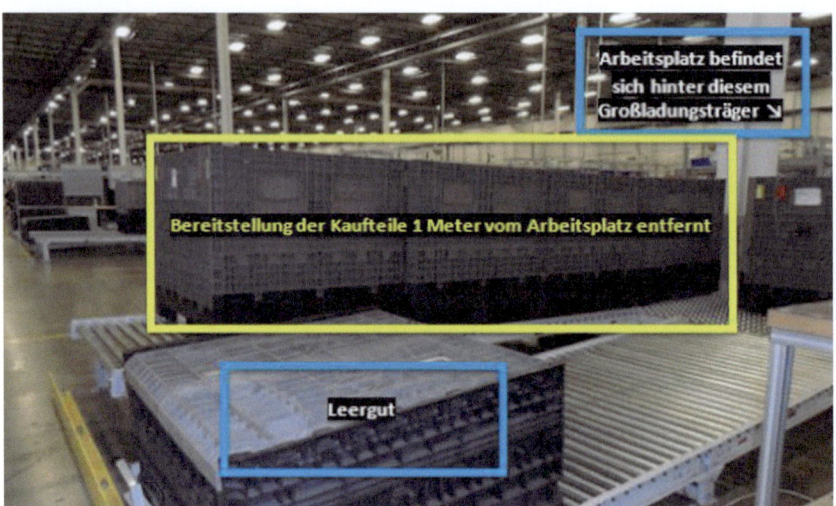

Abb. 4.8 Beispiel für eine Materialfläche zwischen 1 und 5 m vom Arbeitsplatz – Wertschöpfungsgrad 4. (Foto: Dagmar Piotr Tomanek/Jürgen Schröder)

Das benötigte Material, das zwischen einem und fünf Metern vom Arbeitsplatz entfernt bereitgestellt wird, hat einen Wertschöpfungsgrad von 4. Es ist damit noch leicht vom Werker erreichbar. Der Werker muss jedoch seinen Arbeitsplatz verlassen, um seine wertschöpfende Tätigkeit durchzuführen (siehe Abb. 4.8, vgl. Tomanek et al. 2016).

Material, das weniger als einen Meter vom Arbeitsplatz entfernt ist, besitzt einen Wertschöpfungsgrad von 5. Die optimalste und effizienteste Materialbereitstellungsform liegt vor, wenn der Werker für die Durchführung seiner

Abb. 4.9 Beispiel für eine Materialfläche direkt am Arbeitsplatz – Wertschöpfungsgrad 5. (Foto: Dagmar Piotr Tomanek/Jürgen Schröder)

4.2 Bewertungsskala

Kernaufgaben den Arbeitsplatz nicht verlassen muss. Dadurch kann das Wertschöpfungspersonal seine Kapazitäten für die Wertschöpfung nutzen und wird nicht durch nicht-wertschöpfende Tätigkeiten, wie Material an den Arbeitsplatz zu bringen, belastet.

Um eine maximale Nutzung des Wertschöpfungspersonals sicherzustellen, sollte das benötigte Material direkt am Arbeitsplatz bereitgestellt werden (siehe Abb. 4.9, vgl. Tomanek et al. 2016). Die Fläche am Arbeitsplatz steht jedoch nur begrenzt zur Verfügung.

Abb. 4.10 Beispiele für Wertschöpfungsflächen an der Fertigungslinie – Wertschöpfungsgrade 6, 7 und 8. (Foto: Dagmar Piotr Tomanek/Jürgen Schröder)

Arbeitsplätze sind stark wertschöpfend. Es wird in der VAHM lediglich zwischen einem administrativen und einem operativen Arbeitsplatz des Mitarbeiters an der Fertigungslinie unterschieden. Der Platzbedarf für Rechner, Drucker und Schreibtische, die eine Schnittstelle der Werker und Einrichter zur Fertigungssteuerung bilden, werden beispielsweise zur administrativen Fläche gezählt. Diese Flächen haben einen Wertschöpfungsgrad von 6.

Der Arbeitsplatz eines Mitarbeiters, der z. B. für die Montage eines Erzeugnisses an der Fertigungslinie benötigt wird, wird mit einem Wertschöpfungsgrad von 7 bewertet. Stärker wertschöpfend als ein operativer Arbeitsplatz ist nur die Fertigungslinie selbst. Sie wird maximal wertschöpfend mit einem Wertschöpfungsgrad von 8 klassifiziert (siehe Abb. 4.10, vgl. Tomanek et al. 2016).

4.3 Wertschöpfungskennzahl Wertschöpfungsdichte

Kennzahlen sind „betriebswirtschaftliche Informationskonzentrate" (vgl. Gladen 2014, S. 9). Die konzentrierte Form von Informationen ermöglicht eine einfache Darstellung von „komplizierten Sachverhalten, Strukturen und Prozessen" und zielt darauf ab, einen „möglichst umfassenden und schnellen Überblick zu garantieren" (vgl. Gladen 2014, S. 10). Darüber hinaus sollen Kennzahlen Führungsinstanzen bei „fallweisen Analysen sowie in der laufenden Planung, Durchsetzung und Kontrolle" unterstützen (vgl. Gladen 2014, S. 10). Die Verdichtung der Ergebnisse der Value Added Heat Map zu einer Kennzahl ermöglicht eine Aussage über die Wertschöpfungsdichte der genutzten Fläche.

Die von den Autoren generierte Kennzahl Wertschöpfungsdichte (kurz: WD) gibt an, mit welchem prozentualen Grad die Fläche wertschöpfend genutzt wird. Die Wertschöpfungsdichte berechnet sich aus dem Quotienten der tatsächlich wertschöpfend genutzten Gesamtfläche dividiert durch die maximal mögliche wertschöpfende Gesamtflächennutzung. Es gilt:

$$WD\,[\%] = \frac{\sum_{i=1}^{N} AR_i \times WG_k}{AR_{\text{ges}} \times WG_{\max}} * 100$$

es gilt $WD = $ Wertschöpfungsdichte,

$AR_i = $ Rasterquadrat „i" (Fläche $AR = 1\,\text{m}^2$),

$i = 1, 2, 3, \ldots, N,$

WG_k = Wertschöpfungsgrad „k",

$k = 0, 1, 2, \ldots, 8$

AR_{ges} = Gesamtfäche [m²],

WG_{max} = maximaler Werschopöfungsgrad ($k = 8$)

Mithilfe der Kennzahl Wertschöpfungsdichte lässt sich das theoretische Verdichtungspotenzial der Flächennutzung ermitteln. Das theoretische Verdichtungspotenzial gibt an, um wie viel Prozent die Wertschöpfungskonzentration maximal erhöht werden kann. Es gilt:

$$VP_{theor}\,[\%] = 100 - WD$$

es gilt VP_{theor} = Theoretisches Verdichtungspotenzial,

WD = Wertschöpfungsdichte

Um das praktisch umsetzbare Verdichtungspotenzial ermitteln zu können, bedarf es einer genaueren Betrachtung der Flächennutzung. Ungenutzte Flächen zählen zweifellos zu einem Verdichtungspotenzial, das auf die Praxis bezogen direkt zur Wertschöpfungsoptimierung herangezogen werden kann.

Bei der Wertschöpfungsoptimierung von Materialflächen müssen sowohl strategische als auch operative Gesichtspunkte der Materialwirtschaft betrachtet werden. Das beinhaltet u. a. die Analyse der Materialbereitstellung, -beschaffung, -lagerung, -verteilung und -entsorgung eines Unternehmens. Bei einer Erhöhung der Wertschöpfungsdichte durch Optimierung von administrativen und operativen Arbeitsplätzen sind im Vorfeld ergonomische und psychologische Auswirkungen einer Wertschöpfungskonzentration zu klären.

4.4 Anwendungsbeispiel

Die Implementierung der VAHM-Methode in die Praxis erfolgte am Beispiel einer Produktionslinie eines Automobilzulieferers. Im nachfolgend dargestellten Anwendungsbeispiel wurde eine Fläche von 777 m² analysiert. Für die Erstellung einer Value Added Heat Map wurde ein aktuelles Layout der analysierten Fläche benötigt, das den Autoren von der Abteilung der Produktionsplanung zur Verfügung gestellt wurde. Ein Layout dient bei der Erstellung der

4 Value Added Heat Map – Flächennutzung

VAHM als Grundlage zur Bewertung der einzelnen Quadratmeter. Das zur Verfügung stehende Layout wurde mithilfe einer Standardsoftware in einem Tabellenkalkulationsprogramm (hier: Microsoft Excel®) als Hintergrund hinterlegt. Die einzelnen Zellen wurden maßstabsgetreu (Zeilen und Spaltenbreite) auf einen Quadratmeter dimensioniert (siehe Abb. 4.11, vgl. Tomanek et al. 2016).

Die Bewertung der Flächennutzung erfolgte durch eine Multimomentaufnahme im Shopfloor. Bei der Datenaufnahme wurden 7 Wertschöpfungsgrade identifiziert. Die Wertschöpfungsgrade 2 und 4 wurden in der analysierten Produktionsfläche nicht festgestellt. Die Quantifizierung der identifizierten Wertschöpfungsgrade gliedert sich wie folgt auf:

- 12 m^2 entsprechen Wertschöpfungsgrad 0,
- 94 m^2 entsprechen Wertschöpfungsgrad 1,
- 60 m^2 entsprechen Wertschöpfungsgrad 3,
- 68 m^2 entsprechen Wertschöpfungsgrad 5,
- 241 m^2 entsprechen Wertschöpfungsgrad 6,
- 44 m^2 entsprechen Wertschöpfungsgrad 7 und
- 258 m^2 entsprechen Wertschöpfungsgrad 8.

Die aufgenommenen Ergebnisse für den jeweiligen Quadratmeter wurden in das entsprechende Feld im Layout in das Tabellenkalkulationsprogramm eingetragen.

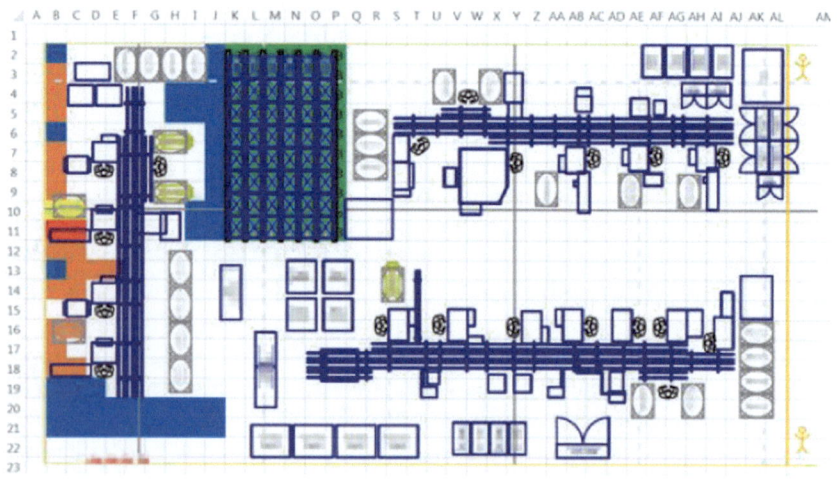

Abb. 4.11 Beispiellayout mit Raster (1 Rasterquadrat ≙ 1 m^2)

4.4 Anwendungsbeispiel

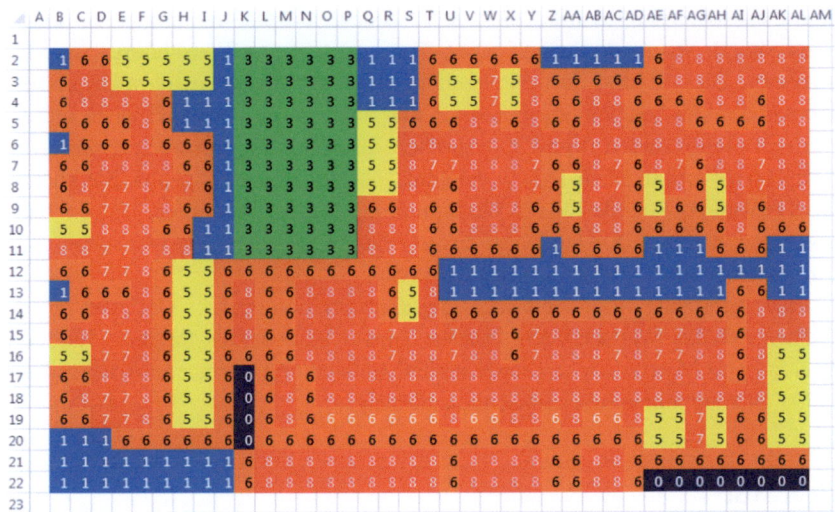

Abb. 4.12 Beispiel Value Added Heat Map Flächennutzung. (Quelle: In Anlehnung an Tomanek et al. 2016, S. 321)

Hierdurch entstand das Wärmebild, also die Value Added Heat Map der Flächennutzung (siehe Abb. 4.12, vgl. Tomanek et al. 2016).

Aus der nun vorliegenden VAHM kann die Kennzahl der Wertschöpfungsdichte sowie das Verdichtungspotenzial berechnet werden. Die berechnete Wertschöpfungsdichte beträgt in dem in Abb. 4.12 dargestellten Beispiel 71,3 %. Das theoretische Verdichtungspotenzial beträgt 28,7 %.

$$WD\,[\%]$$
$$= \frac{12\,m^2 \times 0 + 94\,m^2 \times 1 + 60\,m^2 \times 3 + 68\,m^2 \times 5 + 241\,m^2 \times 6 + 44\,m^2 \times 7 + 258\,m^2 \times 8}{777\,m^2 \times 8} * 100$$
$$= \frac{4432\,m^2}{6216\,m^2} * 100 = 71{,}3$$

$$VP_{theor}\,[\%] = 100 - 71{,}3 = 28{,}7$$

es gilt *WD* = Wertschöpfungsdichte,

VP_{theor} = Theoretisches Verdichtungspotenzial

Eine Wertschöpfungsdichte von 100 % bedeutet, dass die komplette Fläche eines Shopfloors ausschließlich durch Fertigungslinien (Wertschöpfungsgrad 8) belegt ist. Dies ist trotz fortschreitender Digitalisierung praktisch nicht umsetzbar. Als direktes Verdichtungspotenzial sind aber mit Sicherheit Flächen mit den Wertschöpfungsgraden 0 und 1 anzusehen. In Abb. 4.12 entsprechen diese Flächen 106 m^2 und machen 13,6 % der analysierten Gesamtfläche aus. Sie könnten ohne größere Umstände für die Wertschöpfung eingesetzt werden. Das bedeutet, dass im gezeigten Anwendungsbeispiel eine Erhöhung der Wertschöpfungskonzentration um 13 % direkt umsetzbar wäre.

Eine Erhöhung der Wertschöpfungskonzentration durch Optimierung der Flächen mit den Wertschöpfungsgraden 3 bis 7 ist ebenfalls möglich. Eine Verdichtung von Materialflächen sowie administrativen und operativen Arbeitsplätzen bedarf einer detaillierteren ganzheitlichen Analyse.

Literatur

Gladen W (2014) Performance Measurement: Controlling mit Kennzahlen. Springer Gabler, Wiesbaden

Tomanek DP, Schröder J, Wirz M (2016) Value added heat map – a new method for the optimization of production space. In: Sawik T (Hrsg) International Conference on Industrial Logistics (ICIL). Sammlung der Konferenzbeiträge. Alnus Sp. z o.o, Krakow, S 315–323

5 Value Added Heat Map – Maschinen- und Anlagennutzung

Zusammenfassung

Die Auslastung von Maschinen und Anlagen ist ein wichtiger produktionsrelevanter Faktor. Maschinen und Anlagen stehen in einem Unternehmen, ebenso wie Produktionsflächen, nur begrenzt zur Verfügung. Sie müssen nach Möglichkeit wertschöpfend genutzt werden. In diesem Kapitel wird erörtert, wie mithilfe der Value Added Heat Map die Wertigkeit der Maschinen- und Anlagennutzung dargestellt werden kann. Es wird die Methodik und die Bewertungsskala erklärt. Der von den Autoren generierte Nutzungsgrad verdichtet das Ergebnis der Value Added Heat Map zu einer layoutbasierten Wertschöpfungskennzahl. In einem Anwendungsbeispiel wird die zeitliche Maschinen- und Anlagennutzung einer Produktionslinie detailliert analysiert.

5.1 Methodik

Der Einsatz der Value Added Heat Map beschränkt sich nicht nur auf die Beurteilung der Wertschöpfungsdichte vor Produktionsflächen. Der minimale Flächenverbrauch für Nicht-Wertschöpfung ist lediglich eine von drei Dimensionen der Wertschöpfungskonzentration. Ein weiteres Anwendungsgebiet der Value Added Heat Map liegt in der Visualisierung der Wertschöpfung von Maschinen und Anlagen.

Vorhandene Ressourcen, wie beispielsweise die Anlagen einer Fertigungslinie, müssen für die Wertschöpfung bestens genutzt werden. In einer VAHM der Flächennutzung werden Fertigungslinien durchgängig als maximal wertschöpfend bewertet. Es wird dabei nicht nach Auslastung einer Anlage unterschieden.

Der Wertschöpfungsgrad einer Ressource wird jedoch maßgeblich auch vom Nutzungsgrad bestimmt. Eine Anlage, die dreischichtig betrieben wird, ist in der Regel wertschöpfender als eine Anlage, die lediglich in zwei Schichten arbeitet.

Neben der reinen Flächenbewertung kommt also der zeitlichen Nutzung der Anlage eine besondere Bedeutung zu. Anlagen, die nur einschichtig oder gar noch seltener belegt sind, beanspruchen wertvolle Fläche. Durch die nur teilweise Nutzung der Fläche kann eine Bewertung der räumlichen Lage erfolgen. Ziel der VAHM ist es, die Wertschöpfung der Anlagennutzung mithilfe einer farblichen Skalierung zu visualisieren und mithilfe einer aussagekräftigen Kennzahl vergleichbar zu machen. Das grafische Ergebnis der Analyse ähnelt, analog zur Value Added Heat Map der Flächennutzung, einer Wärmebildaufnahme, aus der Verbesserungspotenziale schnell und einfach abzulesen sind.

5.2 Bewertungsskala

Bei der Bewertung der Anlage wird die zeitliche Nutzungsdauer bzw. Auslastung der Anlage, bezogen auf einen Zeitraum, herangezogen. Es gilt:

$$A\ [\%] = \frac{t_{\text{Ist}}}{t_{\text{Soll}}} * 100$$

es gilt $A =$ Auslastung,

$t_{\text{Ist}} =$ Ist $-$ Betriebsdauer,

$t_{\text{Soll}} =$ Soll $-$ Betriebsdauer

Die Autoren empfehlen, eine Produktionswoche als Basis für den Analysezeitraum zu wählen. Hierbei bildet die theoretisch mögliche wöchentliche Nutzung die Soll-Betriebsdauer. Der tatsächliche Wertschöpfungsgrad wird in Abhängigkeit der Auslastung in einer Skala von 0 bis 11 eingestuft. Bei einer Auslastung von 100 % entspricht die Ist-Betriebszeit einer Anlage der theoretisch möglichen Nutzung. In diesem Fall ist die maximale Wertschöpfung erreicht und der Wertschöpfungsgrad beträgt 11. Steht hingegen eine Anlage still, dann liegt die Auslastung bei 0 %. Der Wertschöpfungsgrad beträgt dementsprechend auch 0. Zwischen den Wertschöpfungsgraden 0 und 11 liegen weitere Wertschöpfungsgrade, die bedingt wertschöpfend sind (siehe Abb. 5.1).

5.2 Bewertungsskala

Bedeutung	Wertschöpfungsgrad	Dimension Zeit
Nicht-Wertschöpfung	0	Auslastung = 0
Bedingte Wertschöpfung	1	0% < Auslastung < 10%
	2	10% ≤ Auslastung < 20%
	3	20% ≤ Auslastung < 30%
	4	30% ≤ Auslastung < 40%
	5	40% ≤ Auslastung < 50%
	6	50% ≤ Auslastung < 60%
	7	60% ≤ Auslastung < 70%
	8	70% ≤ Auslastung < 80%
	9	80% ≤ Auslastung < 90%
	10	90% ≤ Auslastung < 100%
Maximale Wertschöpfung	11	Auslastung 100%

Abb. 5.1 Bewertungsskala zeitliche Maschinen- und Anlagennutzung. (Quelle: Eigene Darstellung 2018)

5.3 Wertschöpfungskennzahl Nutzungsgrad

Analog zur Wertschöpfungsdichte kann die zeitliche Anlagennutzung mithilfe einer Kennzahl, nämlich dem Nutzungsgrad (kurz NG), berechnet werden. Die von den Autoren generierte Kennzahl Nutzungsgrad berechnet sich aus dem Quotienten der tatsächlich wertschöpfend genutzten Anlagen in einer Zeiteinheit dividiert durch die maximal mögliche wertschöpfende zeitliche Anlagennutzung. Es gilt:

$$NG\ [\%] = \frac{\sum_{i=1}^{N} AR_i \times WG_k}{AR_{Anl} \times WG_{max}} * 100$$

es gilt NG = Nutzungsgrad,

AR_i = Rasterquadrat „i" (Fläche $AR = 1\,\text{m}^2$),

$i = 1, 2, 3, \ldots, N,$

WG_k = Wertschöpfungsgrad „k",

$k = 0, 1, 2, \ldots, 11$

AR_{Anl} = Gesamtfäche Analagennutzung [m^2],

WG_{max} = maximaler Wertschöpfungsgrad ($k = 11$)

Das theoretische Verdichtungspotenzial gibt an, um wieviel Prozent die Wertschöpfungskonzentration bezüglich der Maschinen- und Anlagennutzung maximal erhöht werden kann. Es gilt:

$$VP_{theor}\ [\%] = 100 - NG$$

es glit VP_{theor} = Theoretisches Verdichtungspotenzial,

NG = Nutzungsgrad

5.4 Anwendungsbeispiel

Das nachfolgend dargestellte Anwendungsbeispiel bezieht sich auf die gleiche Produktionslinie, die bereits in Abschn. 4.4 vorgestellt wurde. Für die Erstellung der Value Added Heat Map wurde erneut ein aktuelles Layout der analysierten Fläche verwendet. In der Value Added Heat Map der Maschinen- und Anlagennutzung

5.4 Anwendungsbeispiel

wurden jedoch lediglich die mit Anlagen belegten Flächenraster analysiert. Diese sind in der Flächenbewertung mit dem maximalen Wertschöpfungsgrad von 8 klassifiziert und entsprechen im vorgestellten Beispiel 258 m². Für die Berechnung des Nutzungsgrads wurde die Auslastung der identifizierten Anlagen, bezogen auf die theoretisch mögliche Wochenarbeitszeit (Montag bis Freitag, 3-schichtig), erhoben. Bei der Datenaufnahme wurden 8 Wertschöpfungsgrade festgestellt. Die Wertschöpfungsgrade 0, 4, 9 und 11 wurden nicht identifiziert. Die Quantifizierung der festgestellten Wertschöpfungsgrade, bezogen auf die Anlagennutzung, gliedert sich wie folgt auf:

- 22 m² entsprechen Wertschöpfungsgrad 1,
- 5 m² entsprechen Wertschöpfungsgrad 2,
- 4 m² entsprechen Wertschöpfungsgrad 3,
- 5 m² entsprechen Wertschöpfungsgrad 5,
- 14 m² entsprechen Wertschöpfungsgrad 6,
- 6 m² entsprechen Wertschöpfungsgrad 7,
- 47 m² entsprechen Wertschöpfungsgrad 8 und
- 155 m² entsprechen Wertschöpfungsgrad 10.

Auf Grundlage dieser Ergebnisse ergibt sich beispielhaft die in Abb. 5.2 dargestellte Value Added Heat Map.

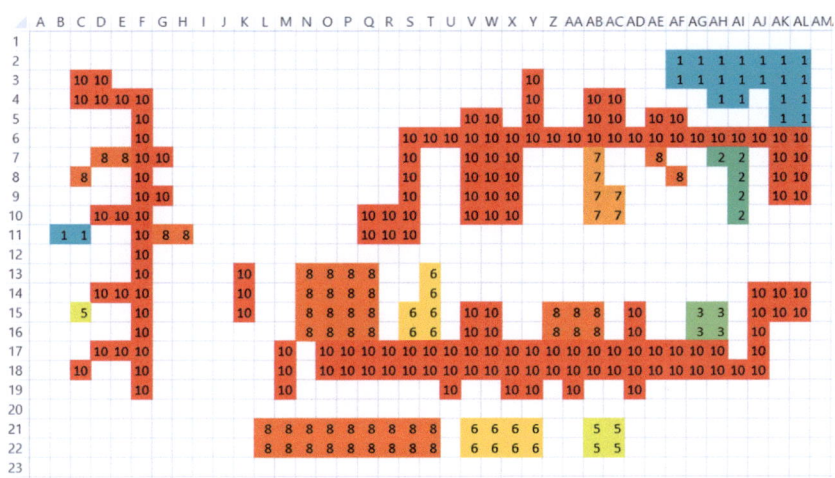

Abb. 5.2 Beispiel Value Added Heat Map zeitliche Maschinen- und Anlagennutzung. (Quelle: Eigene Darstellung 2018)

Es bietet sich an, die VAHM der zeitlichen Maschinen- und Anlagennutzung in einem separaten Schaubild zu illustrieren und dieses neben der Bewertung der Flächennutzung darzustellen. Eine Zusammenführung in einer VAHM ist jedoch auch möglich.

In dem in Abb. 5.2 dargestellten Beispiel ergibt sich ein Nutzungsgrad von 74,7 %. Es zeigt sich ein theoretisches Verdichtungspotenzial von 25,3 %, um die Wertschöpfungskonzentration zu erhöhen. Vorausgesetzt ist dabei die technische Machbarkeit der Verbesserung der Anlagenauslastung. Es gilt:

$$NG\,[\%] = \frac{22\,m^2 \times 1 + 5\,m^2 \times 2 + 4\,m^2 \times 3 + 5\,m^2 \times 5 + 14\,m^2 \times 6 + 6\,m^2 \times 7 + 47\,m^2 \times 8 + 155\,m^2 \times 10}{258\,m^2 \times 11} * 100$$

$$= \frac{2121\,m^2}{2838\,m^2} * 100 = 74{,}7$$

$$\boldsymbol{VP}_{\textbf{theor}}\,[\%] = 100 - 74{,}7 = 25{,}3$$

es glit NG = Nutzungsgrad,

VP_{theor} = theoretisches Verdichtungspotenzial

Value Added Heat Map – Personaleinsatz

6

> **Zusammenfassung**
>
> Das Personal soll in einem Produktions- oder Dienstleistungsunternehmen wertschöpfend eingesetzt werden. Das impliziert, dass das Personal seine Kapazitäten zielgerichtet für die Erfüllung der Kernaufgaben nutzt. Verbesserungspotenziale werden durch Mitarbeiter aufgezeigt, die für die Erfüllung ihrer Aufgaben nicht-wertschöpfende Wege zurücklegen müssen. Die Bewertung des Personaleinsatzes mithilfe der Value Added Heat Map ermöglicht layoutbasiert eine Verbesserung des Mitarbeitereinsatzes und führt zu einer Optimierung der Wertschöpfung. In diesem Kapitel wird, analog zur Maschinen- und Anlagennutzung, die Methodik und die Bewertungsskala zur Bestimmung der Wertigkeit des Personaleinsatzes vorgestellt. Es wird die Wertschöpfungskennzahl Einsatzgrad entwickelt, die Informationen über den Personaleinsatz in konzentrierter Form gibt. Im abschließenden Anwendungsbeispiel wird die Dimension Personal mithilfe der Value Added Heat Map als Wärmebild visualisiert.

6.1 Methodik

Die Value Added Heat Map (VAHM) eignet sich im hohen Maß dafür, die Wertschöpfung des Personals zu visualisieren. Das Wertschöpfungspersonal soll nach Möglichkeit seine vorhandenen Kapazitäten wertschöpfend einsetzen. In Anlehnung an die Wertschöpfungskonzentration steht ein Mitarbeiter, der seine Kapazitäten für seine Kernaufgaben einsetzt, für höchste Wertschöpfung. Zu verrichtende Tätigkeiten, die nicht-wertschöpfend sind, verringern seinen

Wertschöpfungsgrad. Menschliche Arbeit zählt zu den Elementarfaktoren der Produktion in der Betriebswirtschaft (vgl. Tiedtke 2007).

Analog zu maschinellen Anlagen muss auch das Personal für die Wertschöpfung optimal eingesetzt werden. Der Wertschöpfungsgrad eines Mitarbeiters wird maßgeblich durch seine Einsatzart bestimmt. Ein Mitarbeiter muss für die Erfüllung seiner Aufgaben Wege zurücklegen, die an sich nicht-wertschöpfend sind (siehe Abschn. 3.2.2). Transport und Bewegung können jedoch nicht gänzlich eliminiert werden.

Ziel des VAHM-Ansatzes ist es deshalb, die räumlichen Bewegungen von Mitarbeitern entsprechend ihrer Wertschöpfung zu visualisieren. Analog zur Bewertung von Flächen und Anlagen erfolgt auch die Visualisierung der Dimension Personal durch die Value Added Heat Map mithilfe eines Wärmebilds. Das grafische Ergebnis ermöglicht es, schnell und einfach Verbesserungspotenziale abzuleiten. Mittel- bis langfristig führt ein optimaler Mitarbeitereinsatz zu einer höheren Produktivität des Personals und zu niedrigeren Kosten.

6.2 Bewertungsskala

Wertschöpfende Tätigkeiten des Personals schließen räumliche Bewegungen ein. Sowohl die Verrichtung einer Tätigkeit als auch die zurückgelegte Stecke dorthin können als maximal wertschöpfend, bedingt wertschöpfend oder nicht-wertschöpfend angesehen werden. Die Wegstrecke eines Mitarbeiters beispielsweise zur Toilette dient nicht der Wertschöpfung und entspricht dem niedrigsten Wertschöpfungsgrad. Hingegen sind die Wegstrecken eines Mitarbeiters zur operativen Bedienung einer Anlage maximal wertschöpfend und entsprechen dem höchsten Wertschöpfungsgrad.

Die von den Autoren entwickelte Skala für die Bewertung der zurückgelegten Wegstrecken des Personals reicht vom Wertschöpfungsgrad 0 bis 4. Bedingte Wertschöpfung wird durch die Wertschöpfungsgrade 1, 2 und 3 repräsentiert. Die Wegstrecke eines Mitarbeiters, die der Dokumentation oder der Prozessübererfüllung dient, entspricht dem Wertschöpfungsgrad 1. Ein Beispiel für eine Prozessübererfüllung ist die Bewegung des Mitarbeiters lediglich zur wiederholten Überprüfung der Einstellung an der Maschine. Die Wegstrecke eines Mitarbeiters, die der Reinigung oder der Materialbereitstellung dient, hat den Wertschöpfungsgrad 2. Laufwege eines Mitarbeiters, die der Instandhaltung oder dem Umrüsten dienen, werden mit dem Wertschöpfungsgrad 3 klassifiziert (siehe Abb. 6.1).

6.3 Wertschöpfungskennzahl Einsatzgrad

Bedeutung	Wertschöpfungsgrad	Dimension zurückgelegte Wegstrecke Personal
Nicht-Wertschöpfung	0	Wegstrecke eines Mitarbeiters, die nicht der Wertschöpfung dient (z.B. Toilettengang).
Bedingte Wertschöpfung	1	Wegstrecke eines Mitarbeiters, die der Dokumentation oder Prozessübererfüllung dient (z.B. wiederholte Überprüfung einer Einstellung).
Bedingte Wertschöpfung	2	Wegstrecke eines Mitarbeiters, die der Reinigung oder Materialbereitstellung dient (z.B. Kehren des Shop-Floors).
Bedingte Wertschöpfung	3	Wegstrecke eines Mitarbeiters, die der Instandhaltung oder dem Umrüsten dient (z.B. Laufwege im Zusammenhang mit der Kalibrierung nach einem Rüstvorgang).
Maximale Wertschöpfung	4	Wegstrecke eines Mitarbeiters, die der operativen Bedienung einer Anlage dient (z.B. Einlegen des Materials in die Anlage).

Abb. 6.1 Bewertungsskala räumlicher Personaleinsatz. (Quelle: Eigene Darstellung 2018)

6.3 Wertschöpfungskennzahl Einsatzgrad

Mithilfe des von den Autoren entwickelten Einsatzgrads (kurz EG) lässt sich die Wertschöpfung des Personals hinsichtlich der räumlichen Bewegung als eine Kennzahl darstellen. Diese Wertschöpfungskennzahl berechnet sich aus dem Quotienten der tatsächlich wertschöpfend eingesetzten Mitarbeiterzeit dividiert durch die maximal wertschöpfend einsetzbare Mitarbeiterzeit. Die Mitarbeiterzeit bezieht sich auf die Zeit für das Zurücklegen von Wegstrecken und berücksichtigt nicht die Verrichtungszeit an einem Arbeitsplatz. Es gilt:

$$EG\,[\%] = \frac{\sum_{k=0}^{4} t_{WG_k} \times WG_k}{t_{\text{ges}} \times WG_{\text{max}}} * 100$$

es gilt EG = Einsatzgard,

t_{WG_k} = Dauer für die zurückgelegten Wegstrecken Personal

in Abhängigkeit vom Wertschopfungsgrad „k" [s],

WG_k = Wertschöpfungsgrad „k",

$k = 0, 1, \ldots, 4$

t_{ges} = Gesamtdauer für die zurückgelegten Wegstreacken Personal [s],

WG_{max} = maximaler Wertschöpfungsgrad ($k = 4$)

Das theoretische Verdichtungspotenzial gibt an, um wieviel Prozent die Wertschöpfungskonzentration des Personaleinsatzes maximal erhöht werden kann. Es gilt:

$$VP_{\text{theor}} [\%] = 100 - EG$$

es glit VP_{theor} = Theoretisches Verdichtungspotenzial,

EG = Einsatzgrad

6.4 Anwendungsbeispiel

Die Value Added Heat Map zur Visualisierung der Wertschöpfung des Personals wurde am Beispiel eines Rüstprozesses implementiert. Akteure dieses Prozesses sind Werker und Einrichter. Der Werker, der die Anlage operativ bedient, übergibt diese zum Rüsten an einen Einrichter. In der Zeit des Rüstens wird die Anlage nicht wertschöpfend genutzt. Dennoch ist dieser Vorgang notwendig, um unterschiedliche Varianten eines Produkts an einer Anlage herstellen zu können. Der Rüstprozess beinhaltet einen manuellen Einrichtungsvorgang mit anschließender Kalibrierung. Für die Einrichtung der Anlage wird Werkzeug benötigt, das vom Einrichter an die Anlage gebracht wird. Die Kalibrierung identifiziert und dokumentiert die zulässige Abweichung hinsichtlich der Qualität des Zwischen- bzw. Endprodukts einer Anlage.

Der aufgenommene Rüstprozess bei einem Automobilzulieferer gliedert sich in 15 Schritte (siehe Abb. 6.2). Bereits die Datenaufnahme identifiziert kritische

6.4 Anwendungsbeispiel

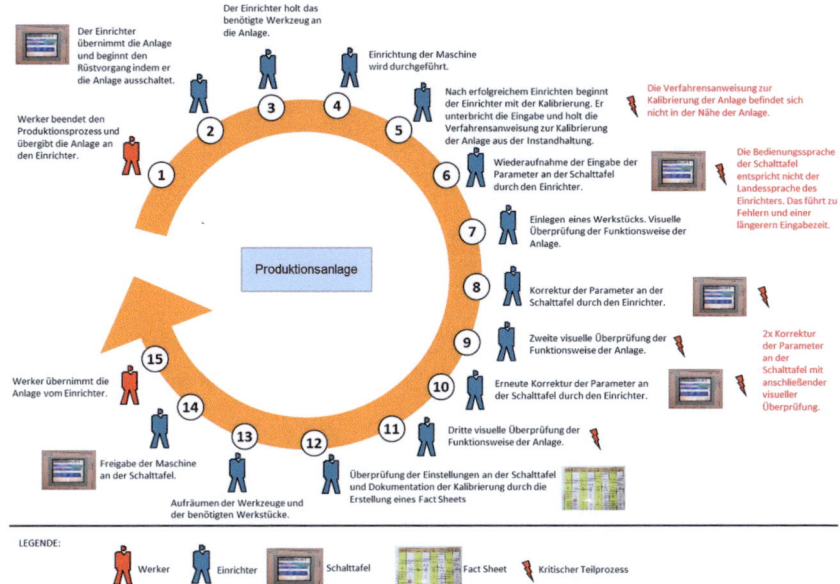

Abb. 6.2 Prozessbeschreibung des aufgenommenen Rüstvorgangs einer Anlage. (Quelle: Eigene Darstellung 2018)

Teilprozesse. Die Verfahrensanweisung zur Kalibrierung der Anlage befindet sich beispielsweise nicht in der Nähe der Anlage. Dies zwingt den Einrichter die Anlage zu verlassen, um die benötigten Dokumente zu holen. Außerdem ist die Bedienung der Schalttafel der Anlage nur auf Englisch möglich. Da der Einrichter kein Englisch beherrscht, führt dies zu Fehlern und einer längeren Eingabezeit.

Im vorgestellten Beispiel muss bei der Kalibrierung die Eingabe der Parameter zweimal wiederholt werden. Nach jeder Eingabe erfolgt eine visuelle Überprüfung. Die Ergebnisse der Kalibrierung werden dokumentiert und nach der Freigabe durch den Einrichter übernimmt erneut ein Werker die Anlage.

Eine layoutbezogene Betrachtung des Rüstvorgangs zeigt, dass der Einrichter i. d. R. immer wieder Wegstrecken zwischen mehreren markanten Punkten zurücklegt. Im analysierten Fall bewegt sich der Einrichter zwischen fünf Punkten, nämlich der Schalttafel der Anlage, dem wertschöpfenden Arbeitsplatz, dem Fact Sheet, dem Pufferbestand und der Abteilung der Instandhaltung (siehe Abb. 6.3).

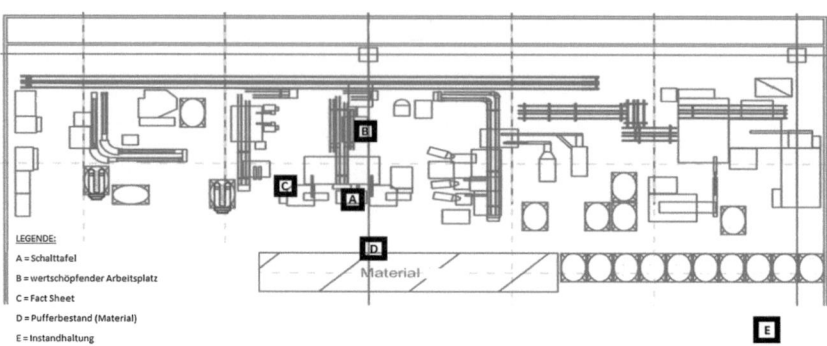

Abb. 6.3 Beispiellayout zur Bewertung des Personaleinsatzes eines Rüstvorgangs. (Quelle: Eigene Darstellung 2018)

Auf Grundlage einer Multimomentaufnahme wurden die Art, Dauer und Häufigkeit der zurückgelegten Wegstrecken eines Einrichters dokumentiert. Im Fall des ausgewählten Rüstprozesses wurden sechs Arten von zurückgelegten Wegstrecken identifiziert. Im aufgenommen Beispiel wurden diese sechs Strecken insgesamt 19-mal zurückgelegt. Die am häufigsten zurückgelegte Wegstrecke wurde zwischen Schalttafel und wertschöpfendem Arbeitsplatz identifiziert. Die längste Wegstrecke befindet sich zwischen Schalttafel und Instandhaltung. Die Wegdauer zwischen Schalttafel und Instandhaltung beträgt im Durchschnitt 45 s. Hinsichtlich der Wertschöpfung wurde 4-mal eine zurückgelegte Wegstecke mit dem Wertschöpfungsgrad 0, 6-mal eine zurückgelegte Wegstecke mit dem Wertschöpfungsgrad 1, 2-mal eine zurückgelegte Wegstrecke mit dem Wertschöpfungsgrad 2 und 7-mal eine zurückgelegte Wegstrecke mit dem Wertschöpfungsgrad 3 klassifiziert. Eine

Art der Wegstrecke Personal	Durchschnittliche Dauer [in s]	Gesamt	Absolute Häufigkeit ... nach Wertschöpfungsgrad				
			0	1	2	3	4
Schalttafel <-> wertschöpfender Arbeitsplatz	18	8	-	5	-	3	-
Schalttafel <-> Fact Sheet	7	1	-	1	-	-	-
Schalttafel <-> Pufferbestand	5	2	-	-	-	2	-
Schalttafel <-> Instandhaltung	45	5	4	-	-	1	-
wertschöpfende Arbeitsplatz <-> Fact Sheet	25	1	-	-	1	-	-
wertschöpfende Arbeitsplatz <-> Pufferbestand	18	2	-	1	1	-	-
wertschöpfende Arbeitsplatz <-> Instandhaltung	-	0	Wurde vom Personal nicht zurückgelegt.				
Fact Sheet <-> Pufferbestand	-	0	Wurde vom Personal nicht zurückgelegt.				
Fact Sheet <-> Instandhaltung	-	0	Wurde vom Personal nicht zurückgelegt.				
Pufferbestand <-> Instandhaltung	-	0	Wurde vom Personal nicht zurückgelegt.				
Summe:		19	4	6	2	7	0

Abb. 6.4 Multimomentaufnahme bzgl. Art, Dauer und Häufigkeit der zurückgelegten Wegstrecken am Beispiel eines Einrichters. (Quelle: Eigene Darstellung 2018)

6.4 Anwendungsbeispiel

zurückgelegte Wegstrecke mit dem maximalen Wertschöpfungsgrad 4 wurde nicht identifiziert (siehe Abb. 6.4).

Die Kombination von Dauer, Häufigkeit und Wertschöpfungsgrad der zurückgelegten Wegstrecken des Personals schafft eine Grundlage, die Wertschöpfung als Zeitfaktor zu bewerten. Die Wertschöpfungsanalyse am Beispiel eines Einrichters zeigt zunächst in Summe eine nicht-wertschöpfende Zeit von 180 s. Dem Wertschöpfungsgrad 1 werden insgesamt 97 s zugeordnet. Die Wertschöpfungsgrade 2 bzw. 3 entsprechen im aufgenommen Beispiel 43 bzw. 127 s der zurückgelegten Wegzeit des Einrichters. Die Quantifizierung der festgestellten Wertschöpfungsgrade kann auch auf eine zurückgelegte Wegstecke heruntergebrochen werden. Der Zeitaufwand des Einrichters für die Strecke zwischen Schalttafel und wertschöpfenden Arbeitsplatz beträgt in Summe 144 s und ist differierend wertschöpfend. Es entsprechen 90 s dem Wertschöpfungsgrad 1 und 54 s dem Wertschöpfungsgrad 3. Analog verhält es sich mit der zurückgelegten Strecke zwischen Schalttafel und Instandhaltung. Der gesamte Zeitaufwand von 225 s gliedert sich in 180 s des Wertschöpfungsgrads 0 und 45 s des Wertschöpfungsgrads 3 auf. Der Zeitaufwand für die Strecke zwischen wertschöpfendem Arbeitsplatz und Pufferbestand verteilt sich gleichermaßen auf die Wertschöpfungsgrade 2 und 3 mit jeweils 18 s. Der gesamte Zeitaufwand zwischen wertschöpfendem Arbeitsplatz und Pufferbestand beträgt dementsprechend 36 s. Die Zeit für die Wegstrecke zwischen Schalttafel und Fact Sheet beziffert sich auf 7 s und entspricht dem Wertschöpfungsgrad 1. Für den Weg zwischen wertschöpfendem Arbeitsplatz und Fact Sheet wurden 25 s berechnet, die mit dem Wertschöpfungsgrad 2 klassifiziert wurden. Der Zeitaufwand des Einrichters zwischen Schalttafel und Pufferbestand beträgt 10 s und entspricht dem Wertschöpfungsgrad 3 (siehe Abb. 6.5).

Art der Wegstrecke Personal	Gesamt	Wertschöpfung [in s]				
		... nach Wertschöpfungsgrad				
		0	1	2	3	4
Schalttafel <-> wertschöpfender Arbeitsplatz	144	-	90	-	54	-
Schalttafel <-> Fact Sheet	7	-	7	-	-	-
Schalttafel <-> Pufferbestand	10	-	-	-	10	-
Schalttafel <-> Instandhaltung	225	180	-	-	45	-
wertschöpfende Arbeitsplatz <-> Fact Sheet	25	-	-	25	-	-
wertschöpfende Arbeitsplatz <-> Pufferbestand	36	-	-	18	18	-
Summe:		180	97	43	127	0

Abb. 6.5 Wertschöpfungsanalyse des Personals am Beispiel eines Einrichters. (Quelle: Eigene Darstellung 2018)

Die Übertragung der Wertschöpfungsanalyse auf das Produktionslayout ergibt eine Value Added Heat Map. Im konkreten Beispiel visualisiert die VAHM die Wertschöpfung des räumlichen Personaleisatzes eines Einrichters auf jeder zurückgelegten Wegstrecke. Im Unterscheid zum Spaghetti-Diagramm repräsentiert die unterschiedliche Farbgebung nicht die Bewegung unterschiedlicher Mitarbeiter, sondern den Grad der Wertschöpfung einer Bewegung. Zeitgleich wird layoutbezogen das theoretische Verdichtungspotenzial aufgezeigt (siehe Abb. 6.6).

Der Einsatzgrad im vorgestellten Beispiel beträgt 31,5 %. Das theoretische Verdichtungspotenzial, das die theoretische Erhöhung der Wertschöpfungskonzentration des Einrichters darstellt, entspricht demnach 68,5 %. Es gilt:

$$EG\ [\%] = \frac{180\ s \times 0 + 97\ s \times 1 + 43\ s \times 2 + 127\ s \times 3 + 0\ s \times 4}{477\ s \times 4} * 100$$

$$= \frac{564\ s}{1778\ s} * 100 = 31,5$$

$$VP_{theor}\ [\%] = 100 - 31,5 = 68,5$$

es gilt EG = Einsatzgrad,

VP_{theor} = Theoretisches Verdichtungspotenzial

Die Erhöhung des Einsatzgrads eines Mitarbeiters durch Eliminierung der nicht-wertschöpfenden Wegstrecken ist an die technische Machbarkeit der Handlungsempfehlungen gekoppelt. Im vorgestellten Beispiel lassen sich die

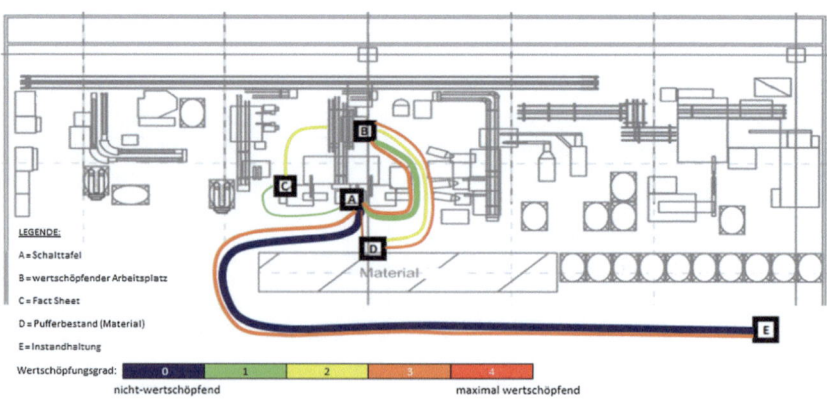

Abb. 6.6 Beispiel Value Added Heat Map räumlicher Personaleinsatz. (Quelle: Eigene Darstellung 2018)

zurückgelegten Wegstrecken mit Wertschöpfungsgrad 0 durch eine Anordnung der Werkzeuge und Verfahrensanweisungen in Anlagennähe vermeiden. Da diese Lösung jedoch Wertschöpfungsfläche beansprucht (siehe Kap. 4), sollte der Einrichter nach Möglichkeit beim erstmaligen Zurücklegen der Strecke bereits alle benötigten Werkzeuge und Verfahrensanweisungen an die Anlage transportieren. Dadurch könnten bereits 180 s der Wegzeit eingespart werden.

Weiteres Potenzial besteht auch in der Optimierung der Parametereingabe durch den Einrichter. Falls die zweimalige Korrektur der Parameter vermieden werden kann, könnten zusätzlich weitere 90 s des Personals eingespart werden.

Literatur

Tiedtke JR (2007). Allgemeine BWL: Betriebswirtschaftliches Wissen für kaufmännische Berufe – Schritt für Schritt, 2. überarbeitete Aufl. Gabler, Wiesbaden, S 6, 45 f.

Weitere Anwendungsmöglichkeiten der Value Added Heat Map 7

Zusammenfassung

Die theoretische Grundlage der Methode der Value Added Heat Map bildet das durch die Autoren entwickelte Konzept der Wertschöpfungskonzentration (siehe Kap. 3). Analog zu den Dimensionen der Wertschöpfungskonzentration liegt zunächst der Anwendungsschwerpunkt der Value Added Heat Map auf der Visualisierung der Wertschöpfung hinsichtlich Flächen-, Maschinen- und Anlagennutzung sowie Personaleinsatz. Die Anwendungsmöglichkeiten der Methode Value Added Heat Map sind jedoch nicht nur auf besagte drei Anwendungsfälle begrenzt. In diesem Kapitel werden beispielhaft zwei weitere Anwendungsmöglichkeiten der VAHM vorgestellt, die zur Erhöhung der Wertschöpfungskonzentration beitragen können. Zunächst wird die Anwendung zur Analyse des Materialbestands vorgestellt. Die zweite Anwendungsmöglichkeit beschreibt die Wertigkeit der Informationsübermittlung, die mithilfe der Value Added Heat Map visualisiert werden kann. In beiden Fällen wird zunächst die Methodik erörtert. Danach werden die entwickelten Bewertungsskalen und generierten Wertschöpfungskennzahlen vorgestellt. Methodik, Bewertungsskalen und Wertschöpfungskennzahlen werden abschließend jeweils durch ein Anwendungsbeispiel untermauert.

7.1 Value Added Heat Map – Materialbestand

7.1.1 Methodik

In der VAHM zur Bewertung der Flächennutzung wird der Wertschöpfungsgrad der Materialfläche in Abhängigkeit von der Entfernung zum Arbeitsplatz bestimmt. Materialflächen, die höchstens einen Meter vom Arbeitsplatz entfernt sind, haben einen Wertschöpfungsgrad von 5. Liegt die Entfernung der Materialfläche vom Arbeitsplatz zwischen 1 und 5 m, wird der Grad der Wertschöpfung mit 4 klassifiziert. Eine Fläche mit Fertig- und Zwischenprodukten sowie eine Materialfläche, die mehr als 5 m vom Arbeitsplatz entfernt ist, wird mit einem Wertschöpfungsgrad von 3 bewertet. Ein überdurchschnittlich hoher Anteil von Materialfläche im Vergleich zur Arbeitsfläche ist bereits ein Indiz für Verschwendung.

Um eine fundierte Aussage treffen zu können, welche Potenzialeinsparung möglich ist, empfiehlt sich eine Auswertung der Materialbereitstellungsfläche in Bezug auf die Reichweite. In der Bestandsführung wird in Anlehnung an Ebel Reichweite als die Zeit „bis zum Nullbestand bei einem durchschnittlichen Verbrauch" definiert (Ebel 2008, S. 233). Die Reichweite in einer Produktion wird i. d. R. in Stunden oder Tagen gemessen. Sie berechnet sich wie folgt:

$$RW\ [h] = \frac{\text{Durchschnittlicher Lagerbestand [Stück]}}{\text{Durchschnittlicher Verbrauch}\left[\frac{\text{Stück}}{h}\right]}$$

7.1.2 Bewertungsskala

Eine zu hohe Reichweite führt zu einem unnötigen Verbrauch von Fläche. Maximal flächenwertschöpfend ist eine Reichweite, die nicht länger als die maximale Wiederbeschaffungszeit (kurz WBZ) ist. Die Wiederbeschaffungszeit beschreibt die Zeit zwischen Bestellauslösung und Materialbereitstellung (Ebel 2008, S. 233).

Je höher die Reichweite über der maximalen Wiederbeschaffungszeit liegt, umso geringer ist die Wertschöpfung. Wird vereinfacht davon ausgegangen, dass die maximale Wiederbeschaffungszeit in einem Beispiel vier Stunden beträgt, hat eine Reichweite von vier Stunden den maximalen Wertschöpfungsgrad 7. Wird Material für acht Stunden vorgehalten, kommt dies einer doppelt so hohen Reichweite als benötigt gleich. Dies entspricht in Abb. 7.1 einem bedingten Wertschöpfungsgrad von 5. Analog entspricht eine Reichweite von zwölf Stunden einem Wertschöpfungsgrad von 3.

7.1 Value Added Heat Map – Materialbestand

Die niedrigste Wertschöpfung haben Reichweiten, die über dem vierfachen der maximalen Wiederbeschaffungszeit liegen. Im genannten Beispiel sind es Materialflächen mit einer Reichweite über 16 h. Ebenfalls nicht wertschöpfend ist eine zu niedrige Reichweite an der Fertigungslinie. Sie führt zu Engpässen in der Materialversorgung und letztendlich zu einem Produktionsstopp. Sobald es zu einer Unterbrechung der Produktion kommt, müssen sofort Maßnahmen

Bedeutung	Wertschöpfungsgrad	Dimension Reichweite
Nicht-Wertschöpfung	0	RW > **4x** max. WBZ
Bedingte Wertschöpfung	1	**3,5x** max. WBZ < RW ≤ **4x** max. WBZ
	2	**3x** max. WBZ < RW ≤ **3,5x** max. WBZ
	3	**2,5x** max. WBZ < RW ≤ **3x** max. WBZ
	4	**2x** max. WBZ < RW ≤ **2,5x** max. WBZ
	5	**1,5x** max. WBZ < RW ≤ **2x** max. WBZ
	6	**1x** max. WBZ < RW ≤ **1,5x** max. WBZ
Maximale Wertschöpfung	7	RW = max. WBZ

Abb. 7.1 Bewertungsskala Reichweite. (Quelle: Eigene Darstellung 2018)

ergriffen werden, welche die Bestandsmenge oder die Lieferfrequenz erhöhen (siehe Abb. 7.1).

7.1.3 Wertschöpfungskennzahl Reichweitegrad

Die Bewertung der Materialbereitstellungsfläche anhand der Materialreichweite wird mithilfe des Reichweitegrads (kurz RG) zu einer Kennzahl aggregiert. Es gilt:

$$RG\ [\%] = \frac{\sum_{m=1}^{B} AR_m \times WG_k}{AR_{M(ges)} \times WG_{\max}} * 100$$

es gilt RG = Reichweitegrad,

AR_m = Rasterquadrat „m" mit Materialbeständen belegt (Fläche $AR = 1\,\mathrm{m}^2$),

$$m = 1, 2, \ldots, B$$

WG_k = Wertschöpfungsgrad „k",

$$k = 0, 1, 2, \ldots, 7$$

$AR_{m(ges)}$ = Gesamtfläche mit Materialbeständen belegt [m^2],

$WG_{\max}$ = maximaler Wertschöpfungsgrad ($k = 7$)

Das theoretische Verdichtungspotenzial gibt an, um wieviel Prozent die Wertschöpfungskonzentration des Materialbestands maximal erhöht werden kann. Es gilt:

$$VP_{\mathrm{theor}}\ [\%] = 100 - RG$$

es gilt VP_{theor} = Theoretisches Verdichtungspotenzial,

$$RG = \mathrm{Reichweitegrad}$$

7.1.4 Anwendungsbeispiel

Im bereits vorgestellten Anwendungsbeispiel der Value Added Heat Map zur Flächennutzung wurden in Abschn. 4.4 insgesamt 128 m² der analysierten Produktionslinie als Materialfläche identifiziert. Die Wertschöpfungsdichte der Fläche kann durch eine Reduzierung der nicht-wertschöpfend eingesetzten Materialfläche erhöht werden. Eine Value Added Heat Map mit der Dimension

7.1 Value Added Heat Map – Materialbestand

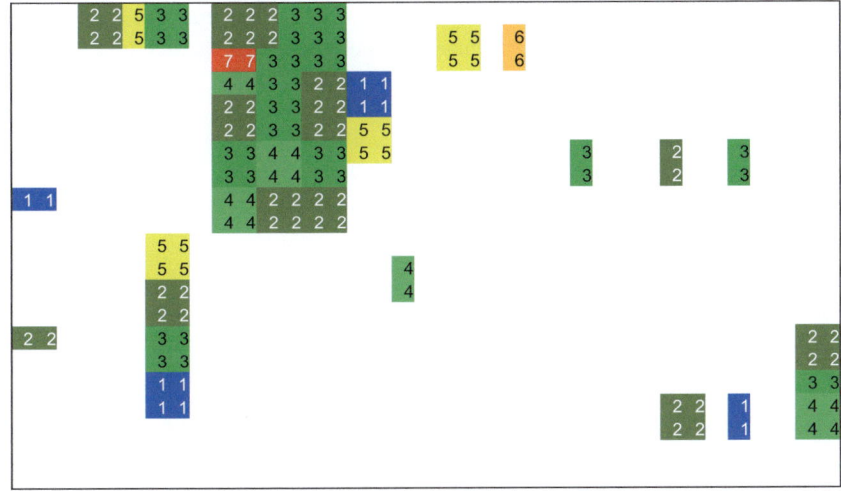

Abb. 7.2 Beispiel Value Added Heat Map Materialbestand. (Quelle: Eigene Darstellung 2018)

Materialbestand" dient daher als eine Ergänzung zur Beurteilung der Wertschöpfung von Flächen.

Im Wärmebild in Abb. 7.2 werden Materialflächen mit Überbeständen im Verhältnis zur Wiederbeschaffungszeit farblich visualisiert und auf dem Fabriklayout einem Standort zugeordnet. Das vorgestellte Beispiel der Value Added Heat Map Materialbestand bezieht sich auf eine Fläche 128 m^2, die den Wertschöpfungsgraden 3 bis 5 der Flächen-VAHM in Abb. 4.12 entsprechen. Die Quantifizierung der festgestellten Wertschöpfungsgrade bezogen auf den Materialbestand gliedert sich wie folgt auf:

- 12 m^2 entsprechen Wertschöpfungsgrad 1,
- 44 m^2 entsprechen Wertschöpfungsgrad 2,
- 38 m^2 entsprechen Wertschöpfungsgrad 3,
- 16 m^2 entsprechen Wertschöpfungsgrad 4,
- 14 m^2 entsprechen Wertschöpfungsgrad 5,
- 2 m^2 entsprechen Wertschöpfungsgrad 6 und
- 2 m^2 entsprechen Wertschöpfungsgrad 7.

In dem in Abb. 6.2 dargestellten Beispiel beträgt der Reichweitegrad 41,7 %. Das theoretische Verdichtungspotenzial entspricht demnach 58,3 %. Es gilt:

RG [%]

$$= \frac{12\,\text{m}^2 \times 1 + 44\,\text{m}^2 \times 2 + 38\,\text{m}^2 \times 3 + 16\,\text{m}^2 \times 4 + 14\,\text{m}^2 \times 5 + 2\,\text{m}^2 \times 6 + 2\,\text{m}^2 \times 7}{128\,\text{m}^2 \times 7} * 100$$

$$= \frac{374\,\text{m}^2}{896\,\text{m}^2} * 100 = 41{,}7$$

$$VP_{\text{theor}}\ [\%] = 100 - 41{,}7 = 58{,}3$$

es glit RG = Reichweitegrad,

VP_{theor} = Theoretisches Verdichtungspotenzial

Lediglich 2 m² der identifizierten Materialbereitstellungsfläche sind maximal wertschöpfend. Im Umkehrschluss bedeutet dies, dass 126 m² der analysierten Materialflächen Wertschöpfungspotenziale aufzeigen. Die Stärke der Wertschöpfungskonzentration wird durch den Wertschöpfungsgrad determiniert. Durch das Aufzeigen und Lokalisieren von Materialflächen mit unnötigen Überbeständen mithilfe der VAHM-Methode kann der nicht-wertschöpfende Flächenverbrauch minimiert werden. Zudem kann auf Grundlage einer ganzheitlichen Analyse der Reichweiten, wie durch die VAHM, ein adäquates Versorgungskonzept im Zuge der Materialbereitstellung für die Zukunft erarbeitet werden.

7.2 Value Added Heat Map – Informationsübermittlung

7.2.1 Methodik

Um einen Wertschöpfungsprozess überhaupt in Bewegung zu setzen, werden Informationen benötigt. Ein Informationsfluss „organisiert das zur Abwicklung der Aufträge notwendige Erfassen, Sammeln, Verarbeiten, Speichern und Verteilen von Daten und Anweisungen zur Planung und Steuerung" (vgl. Erlach 2010, S. 6, 36). Die Autoren sehen daher die isolierte Betrachtung von Material- und Informationsfluss eines Unternehmens als nicht-wertschöpfend. Eine unzureichende innerbetriebliche Kommunikation bzw. Informationsweitergabe ist bereits als eine Verschwendungsart anerkannt (vgl. Schröder und Tomanek 2012). In der Fachliteratur finden sich, abgesehen von der Wertstromanalyse, jedoch nur wenige Ansätze zur Visualisierung von Informationsflüssen für intralogistische Prozesse (vgl. Günthner und Schneider 2011).

7.2 Value Added Heat Map – Informationsübermittlung

Ein Informationsfluss beschreibt die Kommunikation zwischen den Produktions- und den Steuerungsprozessen mithilfe von Daten und Dokumenten (vgl. Erlach 2010, S. 32–33, sowie Koch 2015). Als Symbole für den Informationsfluss werden meist Pfeile (z. B. Wertstrommethode) benutzt. Die Informationsweitergabe kann insbesondere im Produktionsbereich auch durch eine Go-and-See-Planung, eine nivellierte Produktionsplanung oder über ein Kanban-Symbol abgebildet werden (siehe Abb. 7.3, vgl. Tomanek und Schröder 2017; Balsliemke 2015).

In der Wertstromanalyse symbolisiert ein gezackter Pfeil eine elektronische Information, die z. B. ein Meister über das ERP-System erhält. Ein gerader Pfeil steht für eine manuelle Informationsweitergabe. Das kann beispielsweise eine mündliche Anweisung des Meisters an einen Werker sein, die er zuvor über die Unternehmenssoftware erhalten hat.

7.2.2 Bewertungsskala

Zur Darstellung von Informationsflüssen müssen im ersten Schritt die Arten der Informationsübertragung definiert und kategorisiert werden. Ein Ansatz der Kategorisierung von Informationsflüssen ist die Analyse der Wertigkeit der Informationsübermittlung. Es gibt unterschiedliche Arten von Informationsflüssen, die die Wertschöpfung unterschiedlich beeinflussen können. In Anlehnung an den Aufwand ist eine Bewertungsskala der Informationsflüsse in Abb. 7.4 zusammengefasst (vgl. Tomanek und Schröder 2017).

Symbole für den Informationsfluss	Bedeutung
←	Manueller Informationsfluss
⌁	Elektronischer Informationsfluss
6ơ	Go-and-See
[OXOX]	Nivellierte Produktionsplanung
⌐☐-	Weg einer Kanban-Karte

Abb. 7.3 Symbole zur Darstellung des Informationsflusses in einer Wertstromanalyse. (Quelle: In Anlehnung an Balsliemke 2015 sowie Rother und Shook 2000)

Bedeutung	Wertschöpfungs-grad	Art der Informationsübertragung	Skala
Nicht wertschöpfend	0	Unterlassene, unzureichende, inkorrekte oder unnötige Informationsübertragung	Aufwand
Bedingt wertschöpfend	1	Schriftliche Informationsübertragung (z.B. durch Papierdokument, Fax, Mail, etc.)	
	2	Verbale oder visuelle Informationsübertragung	
	3	Elektronische Informationsübertragung in not-real-time (z.B. durch Tabellenkalkulationen)	
	4	Elektronische Informationsübertragung in real-time (z.B. durch ERP-Systeme)	
Maximal wertschöpfend	5	Digitale Informationsübertragung in real-time (z.B. durch Internet der Dinge)	

Abb. 7.4 Bewertungsskala Art der Informationsübermittlung. (Quelle: In Anlehnung an Tomanek und Schröder 2017, S. 86)

Eine bewusst oder unbewusst unterlassene, unzureichende, inkorrekte oder unnötige Weitergabe von Informationen ist nicht-wertschöpfend. Sie hat den niedrigsten Wertschöpfungsgrad von 0. Informationsdefizite verursachen den größten Mehraufwand, der sich in Form von vermeidbaren Suchvorgängen und Handlingskosten widerspiegeln kann. Ein schriftlicher Austausch von relevanten Informationen, papiergebunden oder elektronisch, ist demgegenüber wertschöpfender. Die Erstellung von schriftlichen Informationen ist im Vergleich am zeitaufwendigsten. Daher wird die Annahme getroffen, dass ein schriftlicher Informationsfluss einen Wertschöpfungsgrad von 1 besitzt. Eine mündlich-visuelle Information ist in der Erstellung weniger aufwendig als ein schriftliches Dokument. Wird jedoch eine mündliche Information beispielsweise durch Lärm falsch verstanden, ist in Konsequenz meist mit Mehraufwand zu rechnen. Bedingt durch die Fehleranfälligkeit wird ein verbaler oder visueller Informationsaustausch mit einem Wertschöpfungsgrad von 2 klassifiziert.

Ein elektronischer Informationsfluss ist im Vergleich zur visuell-verbalen Kommunikation weniger fehlerbehaftet. Elektronische Dateien haben in der Regel einen sehr hohen Informationsgehalt und können in kürzester Zeit übermittelt werden. Folglich verursacht ein elektronischer Informationsfluss auch weniger Mehraufwand als die gesprochen-gestikulierte Informationsweitergabe. Eine elektronische Informationsübermittlung hat einen höheren Wertschöpfungsgrad als die schriftlich-papiergebundene und mündlich-verbale Kommunikation.

Es gibt zwei Kategorien von elektronischer Informationsweitergabe. Eine Non-Real-Time-Datenübertragung, z. B. auf Basis von Tabellenkalkulationen, hat einen Wertschöpfungsgrad von 3. ERP-Systeme (engl. für Enterprise Resource Planning) verarbeiten und steuern ganzheitlich Unternehmens- und Geschäftsprozesse in Echtzeit (vgl. Springer Gabler Verlag 2015a).

7.2 Value Added Heat Map – Informationsübermittlung

Durch die einheitliche Steuerung verschiedener Unternehmensbereiche ist der Wertschöpfungsgrad höher als bei nicht-vernetzten elektronischen Daten. Echtzeitsysteme haben einen Wertschöpfungsgrad von 4. Den höchsten Wertschöpfungsgrad eines Informationsflusses, nämlich 5, stellt durch die Vernetzung von Menschen und Maschinen die Digitalisierung dar. Basis des „Industrie 4.0"-Gedankens ist die Verfügbarkeit aller relevanten Informationen und aller an der Wertschöpfung beteiligten Instanzen in Echtzeit" (Was ist Industrie 4.0? 2013).

Ein Treiber der digitalen Transformation ist das Internet der Dinge. Unter dem Begriff des Internets der Dinge wird ein „informationstechnisch vernetztes System autonom interagierender Gegenstände und Prozesse, die sich durch eine zunehmende Selbstorganisation charakterisieren und zu einer wachsenden Verschmelzung physischer Dinge mit der digitalen Welt des Internets führen", verstanden (Brand et al. 2009).

7.2.3 Wertschöpfungskennzahl layoutbasierter Digitalisierungsgrad

Die Bewertung des Informationsflusses anhand der Wertigkeit der Informationsübermittlung wird mithilfe des layoutbasierten Digitalisierungsgrads (kurz $DG_{layoutbasiert}$) zu einer Kennzahl aggregiert. Es gilt:

$$DG_{\textbf{layoutbasiert}}\ [\%] = \frac{\sum_{m=1}^{P} I_m \times WG_k}{I_{P(ges)} \times WG_{max}} * 100$$

es gilt $DG_{layoutbasiert}$ = layoutbasierter Digitalisierungsgrad,

I_m = Informationsübertragung „m",

$m = 1, 2, \ldots, P$

$I_{P(ges)}$ = Gesamtzahl der Informationsübertragungen,

WG_k = Wertschöpfungsgrad „n",

$k = 0, 1, 2, \ldots, 5$

WG_{max} = maximaler Wertschöpfungsgrad ($k = 5$)

Das theoretische Verdichtungspotenzial gibt an, um wieviel Prozent die Wertschöpfungskonzentration der Informationsübermittlung maximal erhöht werden kann. Es gilt:

$$VP_{theor}\,[\%] = 100 - DG_{layoutbasiert}$$

es glit VP_{theor} = Theoretisches Verdichtungspotenzial,

$DG_{layoutbasiert}$ = layoutbasierter Digitalisierungsgrad

7.2.4 Anwendungsbeispiel

Für das folgende Anwendungsbeispiel wurde eine Produktionslinie einschließlich Nacharbeit bei einem Automobilzulieferer ausgewählt. Die wertschöpfende Analyse des Informationsflusses mithilfe der Value Added Heat Map setzt zunächst die Aufnahme des Materialflusses voraus. Der untersuchte Beispielprozess beinhaltet sechs Arbeitsplätze, an denen das Produkt gefertigt und abschließend maschinell geprüft wird. Die In-Ordnung-Teile, insgesamt 1284 Mengeneinheiten pro Tag, werden nach dem Prüfprozess von den sechs Arbeitsplätzen direkt in das Distributionslager transportiert. Nicht-in-Ordnung-Teile werden zunächst verteilt auf zwei Flächen in der räumlichen Nähe der Arbeitsplätze gelagert. Im Durchschnitt beträgt die Nacharbeit pro Arbeitsplatz 143 Mengeneinheiten am Tag. Aufgrund des hohen Nacharbeitsvolumens von 40 % und der geringen Lagerfläche an den Arbeitsplätzen werden die nachzuarbeitenden Teile in ein Zwischenlager transportiert. Von dort aus werden die Nicht-in-Ordnung-Teile an zwei Nacharbeitsplätze verteilt. Insgesamt werden durchschnittlich 858 Mengeneinheiten pro Tag nachgearbeitet. Am ersten Nacharbeitsplatz werden 198 Mengeneinheiten am Tag aufgearbeitet, von denen durchschnittlich 164 Mengeneinheiten pro Tag als In-Ordnung-Teile in das Distributionslager gebracht werden. 34 Mengeneinheiten pro Tag stellen am ersten Nacharbeitsplatz den Ausschuss dar. Am zweiten Nacharbeitsplatz werden 660 Mengeneinheiten pro Tag aufgearbeitet. 564 Mengeneinheiten verlassen täglich den zweiten Nacharbeitsplatz als In-Ordnung-Teile und werden in das Distributionslager transportiert. Die restlichen 96 Mengeneinheiten entsprechen dem Ausschuss pro Tag. Der dargestellte Materialfluss ist als Sankey-Diagramm in Abb. 7.5 visualisiert.

Aufbauend auf dem Materialfluss wird mithilfe der Value Added Heat Map die Wertigkeit der Informationsübermittlung analysiert. Dazu wird die Informationsübermittlung identifiziert, quantifiziert und abschließend in Anlehnung an die Wertschöpfungsgrade bewertet. Der sich daraus zusammensetzende

7.2 Value Added Heat Map – Informationsübermittlung

Informationsfluss beinhaltet alle Informationen, die zur Steuerung des Materialflusses benötigt werden.

Im Anwendungsbeispiel findet eine elektronische Rückmeldung über die In-Ordnung-Teile vom Arbeitsplatz an den Bestand im Distributionslager statt. Die gefertigten Produkte werden in Gitterboxen verladen. Je nach Produktart beinhaltet eine Gitterbox zwischen 6 und 12 Mengeneinheiten. Die Information an den verfügbaren Bestand des Distributionslagers erfolgt systemtechnisch als Gitterboxeinheit. Bei der analysierten Produktionslinie werden von den Arbeitsplätzen im Durchschnitt 128 Gitterboxen pro Tag elektronisch in real-time zurückgemeldet. Die elektronische Informationsübertragung in real-time hat in der Value Added Heat Map den Wertschöpfungsgrad 4. Obwohl die Information über die gefertigten Mengeneinheiten vorliegt, steht sie der Logistik nicht zur Verfügung. Um die Gitterboxen ins Distributionslager zu transportieren, sind die Logistikmitarbeiter gezwungen, in regelmäßigen Abständen den Fertigbestand an den Arbeitsplätzen visuell zu überprüfen. Auf Basis eines Go-and-See-Prozesses werden die Gitterboxen von den Arbeitsplätzen in das Distributionslager transportiert. Dies entspricht dem Wertschöpfungsgrad 0. Nicht-in-Ordnung-Teile müssen mit einem roten Label versehen werden. Die Gitterboxen mit Nicht-in-Ordnung-Teilen müssen

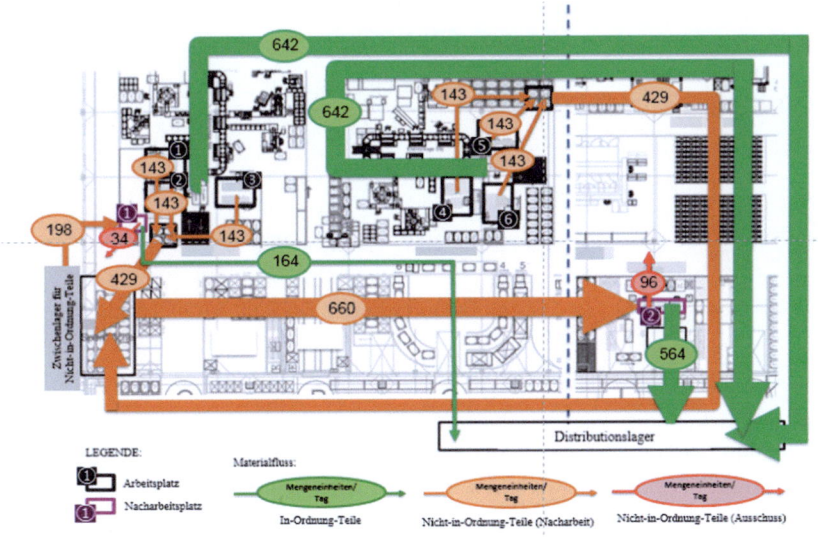

Abb. 7.5 Sankey-Diagramm Materialfluss. (Quelle: Eigene Darstellung 2018)

ebenfalls schriftlich als solche gekennzeichnet werden. Dadurch sind die nachzuarbeitenden Ladungsträger mit einem geringeren Aufwand identifizierbar.

Im Anwendungsbeispiel werden 858 Informationen pro Tag über Nicht-in-Ordnung-Teile sowie 108 Informationen pro Tag über nachzuarbeitende Gitterboxen schriftlich übertragen. Eine schriftliche Informationsübertragung entspricht dem Wertschöpfungsgrad 1. Auf Basis eines Go-and-See-Prozesses werden die Gitterboxen aus dem Zwischenlager für Nicht-in-Ordnung-Teile zu den Nacharbeitsplätzen transportiert. Der Weitertransport von nachgearbeiteten In-Ordnung-Teilen ins Distributionslager erfolgt ebenfalls auf Basis eines Go-and-See-Prozesses. Somit ist der Informationsfluss zwischen dem Zwischenlager für Nicht-in-Ordnung-Teile, den Nacharbeitsplätzen und dem Distributionslager mit einem Wertschöpfungsgrad von 0 zu bewerten. Dies entspricht im Anwendungsbeispiel 161 generierten Informationen. 17 Informationen über Ausschuss werden durchschnittlich pro Tag schriftlich dokumentiert und entsprechen dem Wertschöpfungsgrad 1. Die Value Added Heat Map des Informationsflusses ist in Abb. 7.6 dargestellt (vgl. Tomanek und Schröder 2017).

Im Anwendungsbeispiel werden insgesamt 1472 Informationen pro Tag identifiziert. Bezogen auf die Wertigkeit entsprechen 289 Informationen dem Wertschöpfungsgrad 0, 983 Informationen dem Wertschöpfungsgrad 1 und 200 Informationen dem Wertschöpfungsgrad 4. Die Wertschöpfungsgrade 2, 3 und 5 werden nicht identifiziert. Die Berechnung des layoutbasierten Digitalisierungsgrads ergibt 24,2 %. Das theoretische Verdichtungspotenzial beträgt entsprechend 75,8 % (vgl. Tomanek und Schröder 2017). Es gilt:

$$\boldsymbol{DG}_{\text{layoutbasiert}}\,[\%] = \frac{289\text{ Inf.} \times 0 + 983\text{ Inf.} \times 1 + 200\text{ Inf.} \times 4}{1472\text{ Inf.} \times 5} * 100$$

$$= \frac{1783}{7360} * 100 = 24,2\,\%$$

$$\boldsymbol{VP}_{\text{theor}}\,[\%] = 100 - 24,2 = 75,8\,\%$$

es gilt $DG_{\text{layoutbasiert}}$ = layoutbasierter Digitalisierungsgrad,

VP_{theor} = Theoretisches Verdichtungspotenzial

Die VAHM-Methode kann zur besseren Transparenz des meist nicht vollständig dokumentierten innerbetrieblichen Informationsflusses beitragen. Dieser innovative Ansatz ermöglicht es zudem, mithilfe von Farbübergängen Medienbrüche darzustellen, um mögliche Verschwendungsquellen zu identifizieren und zu eliminieren und somit die Wertschöpfung voranzutreiben.

7.2 Value Added Heat Map – Informationsübermittlung

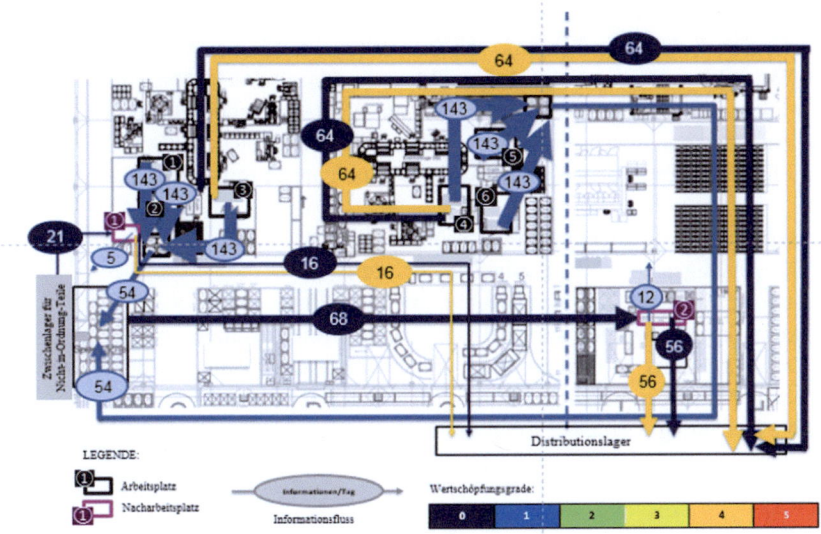

Abb. 7.6 Value Added Heat Map Informationsfluss. (Quelle: In Anlehnung an Tomanek und Schröder 2017, S. 88)

7.2.5 Exkurs: Medienbruch

Unter einem Medienbruch wird „ein Wechsel des Mediums bei der Übertragung von Informationen innerhalb der Übertragungskette" verstanden (Springer Gabler Verlag 2015b). In Anlehnung an diese Definition stellt beispielsweise die Weitergabe einer elektronischen Information über den mündlichen Weg einen Medienbruch dar.

Für die Autoren entsteht ein Medienbruch jedoch bereits durch einen manuellen Eingriff in die Übertragung einer Information. Daraus resultierend werden das Importieren einer elektronischen Datei und die daraus anschließende Generierung einer neuen elektronischen Datei ebenfalls als ein Medienbruch gesehen. Im klassischen Sinne findet zwar kein Medienwechsel statt, aber dennoch handelt es sich um zwei nicht identische, elektronische Dateien. Im Umkehrschluss liegt kein Medienbruch vor, wenn eine Information automatisch generiert und weitergeleitet wird. Dies ist beispielsweise der Fall, wenn in einem Genehmigungsworkflow anwendungsgebundene Alternativen Kontrollstationen entsprechen. In einem solchen Workflow handelt es sich um dasselbe Medium, das keinen Bruch darstellt.

Medienbrüche können zu Problemen in der Informationsübertragung führen. Fehler in der Übermittlung von Informationen können wiederum Fehler in der Wertschöpfung zur Folge haben. Medienbrüche verursachen zumeist Mehraufwände und Redundanzen, die sich in nicht-wertschöpfenden Tätigkeiten, wie Ausdrucken, Abschreiben und Einscannen, widerspiegeln. Das Beispiel der Bestell- und Auftragsabwicklung in Abb. 7.7 beschreibt folgendes Szenario:

- Bestellung des Kunden geht online ein.
- Die Auftragsliste wird automatisch generiert.
- Die Auftragsliste wird ausgedruckt, um den Auftrag abzuwickeln.
- Anmerkungen werden auf der Liste handschriftlich protokolliert.
- Die Auftragsliste wird eingescannt, um die Auftragsabwicklung zu dokumentieren.
- Nach Warenversand wird elektronisch eine Rechnung erstellt.
- Die Rechnung wird ausgedruckt und an den Kunden verschickt.

Abb. 7.7 Medienbrüche am Beispiel der Bestell- und Auftragsabwicklung. (Quelle: Eigene Darstellung 2018)

Aus Wertschöpfungssicht gilt es als zielführend, Medienbrüche weitestgehend zu eliminieren bzw. zu minimieren. Die Identifizierung von Medienbrüchen gestaltet sich in der Praxis mitunter sehr schwierig. Diese Tatsache ist zum einen der fehlenden Transparenz der Informationsflüsse im Unternehmen geschuldet. Zum anderen liegt das Problem an der fehlenden adäquaten Darstellungsform.

Zur Visualisierung von Medienbrüchen existiert in der Literatur bis dato kein eigenständiges Symbol. Mithilfe des layoutbezogenen Wertschöpfungsprogramms Value Added Heat Map nach Schröder und Tomanek lassen sich Medienbrüche durch Farbwechsel im Informationsfluss visualisieren.

Literatur

Balsliemke F (2015) Kostenorientierte Wertstromplanung: Prozessoptimierung in Produktion und Logistik. Gabler, Wiesbaden, S 9

Brand L, Hülser T, Grimm V, Zweck A (2009) Internet der Dinge – Perspektiven für die Logistik. Zukünftige Technologien Consulting Nr. 80, S 107

Ebel B (2008) Produktionswirtschaft, 9. Aufl. Kiehl Friedrich, Ludwigshafen am Rhein

Erlach K (2010) Wertstromdesign: Der Weg zur schlanken Fabrik. Springer, Berlin

Günthner WA, Schneider O (2011) Methode zur einfachen Aufnahme und intuitiven Visualisierung innerbetrieblicher logistischer Prozesse: Forschungsbericht des IGF-Vorhabens 16187N der Bundesvereinigung Logistik (BVL) e.V., Lehrstuhl für Fördertechnik Materialfluss Logistik, Garching, S 32

Koch S (2015) Einführung in das Management von Geschäftsprozessen: Six Sigma, Kaizen und TQM, 2. Aufl. Springer, Berlin, S 138

Rother M, Shook J (2000) Sehen lernen: Mit Wertstromdesign die Wertschöpfung erhöhen und Verschwendung beseitigen, 1. Aufl. LOG_X, Stuttgart, S 100–101

Schröder J, Tomanek DP (2012) Wertschöpfungsmanagement: Grundlagen und Verschwendung. Arbeiten der Hochschule Ingolstadt Nr. 24, S 17

Springer Gabler Verlag (Hrsg) (2015a) Gabler Wirtschaftslexikon. Stichwort: ERP. http://wirtschaftslexikon.gabler.de/Archiv/3225/erp-v14.html. Zugegriffen: 15. Dez. 2015

Springer Gabler Verlag (Hrsg) (2015b) Gabler Wirtschaftslexikon. Stichwort: Medienbruch. http://wirtschaftslexikon.gabler.de/Archiv/77699/medienbruch-v9.html. Zugegriffen: 11. Dez. 2015

Tomanek DP, Schröder J (2017) Analysing the value of information flow by value added heat map. In: Dujak D (Hrsg) Proceedings of the 17th international scientific conference business logistics in modern management. Sammlung der Konferenzbeiträge, Faculty of Economics in Osijek, S 81–91

Was ist Industrie 4.0? (2013) Die vierte industrielle Revolution: Auf dem Weg zur intelligenten und flexiblen Produktion. http://www.plattform-i40.de/I40/Navigation/DE/Industrie40/WasIndustrie40/was-ist-industrie-40.html. Zugegriffen: 7. März 2016

Traffic Load Heat Map – Intralogistisches Verkehrsaufkommen

8

> **Zusammenfassung**
>
> In der Value Added Heat Map zur Bewertung der Flächennutzung werden Fahrwege einer Fabrik zunächst als neutral zu bewertende Fläche gesehen. Die Gründe dafür liegen in der Gestaltung und Optimierung der Fahrwege, die Faktoren wie Sicherheit, Corporate Design oder der historisch gewachsenen Bausubstanz unterliegen. Mit zunehmender Wertschöpfungskonzentration der Fläche nimmt jedoch auch die Bedeutung der Fahrwege und dadurch des intralogistischen Verkehrs zu. Fahrwege ohne Verkehrsaufkommen sind als Verschwendung von Produktionsfläche zu sehen, die nicht zur Wertschöpfung beitragen. Fahrwege mit überhöhtem Verkehrsaufkommen können hingegen zu Materialengpässen an den Produktionslinien führen. Das kann mittelfristig zu einer Erhöhung der Reichweiten und Materialbestände an den Anlagen und Maschinen führen, die wiederum zusätzliche Flächen beanspruchen. Die Traffic Load Heat Map ist eine Methode zur Visualisierung des intralogistischen Verkehrsaufkommens und bietet einen Ansatzpunkt für die Optimierung der innerbetrieblichen Verkehrsführung. Das Ergebnis der Traffic Load Heat Map entspricht einem Wärmebild. Auf Basis eines Layouts wird das Verkehrsaufkommen in einer Produktionsfabrik durch unterschiedliche Farbgebung widergespiegelt. Innerhalb einer definierten Bewertungsskala wird ein bestimmtes Verkehrsaufkommen durch eine Farbe repräsentiert. In diesem Kapitel wird zunächst auf bestehende Visualisierungsmethoden (Bewegungsmatrix, Sankey-Diagramm und Ganglinien-Diagramm) des intralogistischen Verkehrsaufkommens eingegangen. Anschließend wird die Traffic Load Heat Map sowohl methodisch als auch anwendungsorientiert vorgestellt.

8.1 Visualisierungsmethoden des intralogistischen Verkehrsaufkommens

Als Intralogistik werden logistische Material- und Warenströme bezeichnet, die sich innerhalb eines Betriebsgeländes abspielen (vgl. Pfohl 2010). Dieser Begriff stellt eine Abgrenzung zum außerbetrieblichen Warentransport dar, der beispielsweise durch eine Speditionsdienstleistung durchgeführt werden kann. In der Literatur findet sich eine große Vielfalt von Visualisierungs- bzw. Modellierungstools für die Darstellung von Verkehrsaufkommen.

All diese Visualisierungsformen haben stets einen modellhaften Charakter und geben ein vereinfachtes Bild der Realität wieder. Im Folgenden wird auf die bestehenden Visualisierungsmethoden des intralogistischen Verkehrsaufkommens eingegangen. Die Aufzählung erhebt keinen Anspruch auf Vollständigkeit.

8.1.1 Bewegungsmatrix

Die einfachste Form, das Verkehrsaufkommen zu visualisieren, ist eine Matrix. Ein Fabriklayout ist dazu nicht notwendig. Für die Darstellung des Verkehrsaufkommens wird zunächst die Häufigkeit von Bewegungen für ein festgelegtes Areal in einem vordefinierten Zeitraum dokumentiert und verdichtet. In einer Matrix werden beispielsweise die Bewegungen von Flurfahrzeugen, wie Staplern und Routenzügen, an einer Kreuzung in einer Schicht von 8 Stunden repräsentiert (siehe Abb. 8.1, vgl. Tomanek und Schröder 2017; Arnold und Furmans 2009).

8.1.2 Sankey-Diagramm

Die Daten einer Bewegungsmatrix können grafisch in ein Sankey-Diagramm übertragen werden (siehe Abschn. 3.3.2). Die Dicke der Pfeile entspricht der

Abb. 8.1 Beispiel Bewegungsmatrix für das innerbetriebliche Verkehrsaufkommen an einer Kreuzung. (Quelle: Eigene Darstellung 2018)

	A	B	C	D
A	-	10	5	10
B	10	-	5	20
C	5	5	-	30
D	10	20	30	-

8.1 Visualisierungsmethoden des intralogistischen Verkehrsaufkommens

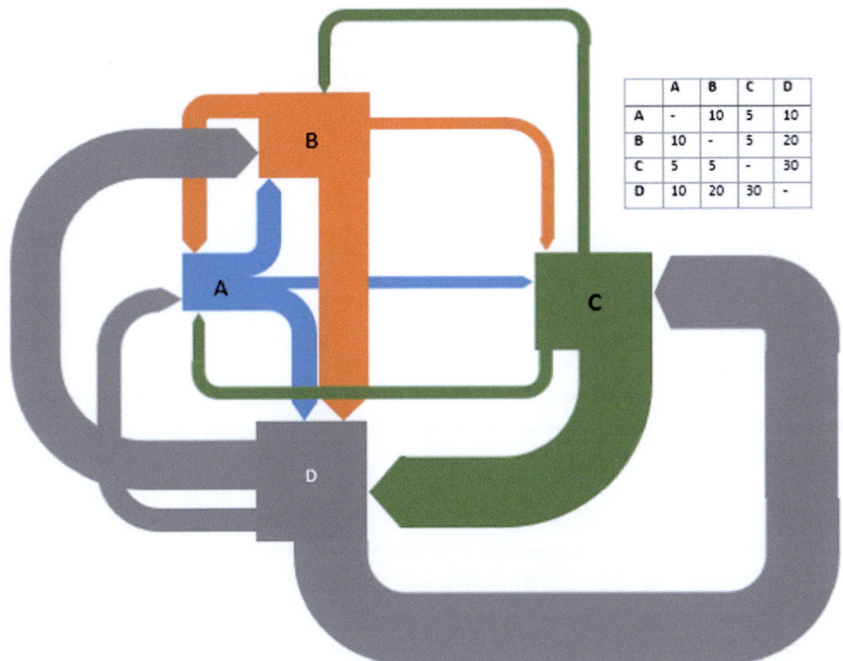

Abb. 8.2 Beispiel Sankey-Diagramm für das innerbetriebliche Verkehrsaufkommen an einer Kreuzung. (Quelle: Eigene Darstellung 2018)

Anzahl der Flurfahrzeuge von einem Punkt zum anderen. Die Pfeilrichtung gibt die Fahrtrichtung wieder (siehe Abb. 8.2, vgl. Tomanek und Schröder 2017). Verbunden mit einem Fabriklayout wird das Sankey-Diagramm mit zunehmender Komplexität unübersichtlicher. Es berücksichtigt zudem nur das absolute Verkehrsaufkommen und erlaubt keine Rückschlüsse auf temporäre Überlastungen des Verkehrsaufkommens (vgl. Köhler 2014).

8.1.3 Ganglinien-Diagramm

Temporäre Überlastungen können mithilfe eines Ganglinien-Diagramms visualisiert werden. Eine Ganglinie visualisiert das Verkehrsaufkommen über einen vordefinierten Zeitraum, der meist kurz gewählt wird (z. B. eine Stunde). Auf der Y-Achse wird die Anzahl der Verkehrsmittel bzw. Förderflurfahrzeuge erfasst. Die

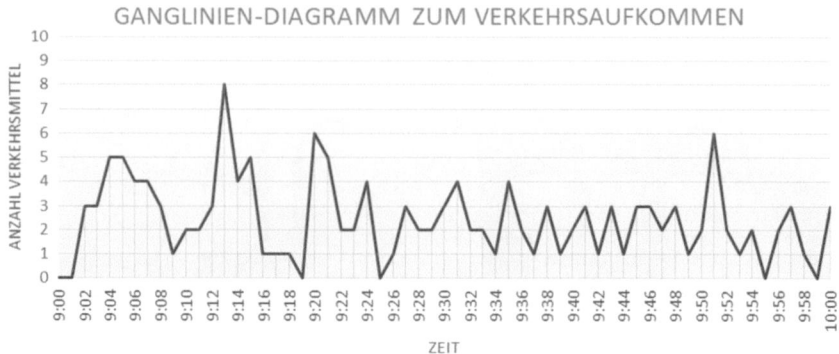

Abb. 8.3 Beispiel Ganglinien-Diagramm für das innerbetriebliche Verkehrsaufkommen an einer Kreuzung. (Quelle: Eigene Darstellung 2018)

X-Achse entspricht der Zeit (vgl. Steierwald et al. 2005). Die Spitzen in einem Ganglinien-Diagramm entsprechen den temporären Überlastungen im erfassten Zeitraum (siehe Abb. 8.3, vgl. Tomanek und Schröder 2017).

8.1.4 Traffic Load Heat Map

Mit der zunehmenden Wertschöpfungskonzentration der Fläche nimmt auch die Bedeutung des intralogistischen Verkehrs zu. Eine weitere Einsatzmöglichkeit des Heat Mappings in industriellen Anwendungen ist die Bewertung der intralogistischen Verkehrsbelastung.

Eine Bewertung der Verkehrsprozesse muss sich nicht auf einen Punkt, wie z. B. eine Kreuzung, beschränken, sondern kann auch anhand mehrerer ausgewählter Punkte über das Fabriklayout visualisiert werden. Das hat den Vorteil, dass die dargestellten Fahrzeug- und Materialbewegungen ganzheitlich abgebildet werden und gleichzeitig leichter räumlich zugeordnet werden können. Der Nachteil von solchen Diagrammen ist, dass durch die Zunahme von Ausprägungen die Übersichtlichkeit in der Regel sinkt.

Eine Methode zur ganzheitlichen Darstellung der innerbetrieblichen Verkehrsprozesse ohne großen Verlust der Übersichtlichkeit bietet die Traffic Load Heat Map. Dieser neu entwickelte Ansatz visualisiert die Verkehrswege rot, die besonders viel befahren sind. Je weniger befahren eine Straße ist, umso mehr geht die Farbgebung in Richtung blau. Das verfolgte Ziel ist, nach Möglichkeit eine gleichmäßige Verteilung des Verkehrsaufkommens über das innerbetriebliche Verkehrssystem zu erreichen. Die Traffic Load Heat Map hilft dabei, Staus und Engstellen fabrikübergreifend zu visualisieren, die die Materialversorgung an der Fertigungslinie behindern.

Im Abschn. 8.2 wird detaillierter auf die Methodik der Traffic Load Heat Map eingegangen. Durch ein Anwendungsbeispiel in Abschn. 8.3 wird die Anwendung des methodischen Vorgehens in der Praxis vorgestellt.

8.2 Methodik

Über eine Definition von im Vorfeld ausgewählten Aufnahmestellen, wie beispielsweise Kreuzungen, kann über einen Zeitraum von einer Stunde oder einer Schicht eine Multimomentaufnahme durchgeführt werden. Deren Ziel ist die Dokumentation von Fahrzeugbewegungen. An jeder Aufnahmestelle werden die Art des Flurfahrzeugs, die Uhrzeit sowie die Richtung, aus der das Fahrzeug gekommen und in die es weitergefahren ist, erfasst. Für die Datenaufnahme ist es hilfreich, einen standardisierten Aufnahmebogen zu verwenden (siehe Abb. 8.4). Dabei ist besonders zu beachten, dass die Position der aufnehmenden Person fest im Layout definiert wird. Das ist wichtig für die Auswertung der Aufnahmebögen. Je nach Position und Blickrichtung kann auch die Richtungsangabe unterschiedlich sein (vgl. Tomanek und Schröder 2017).

Auf Basis der durch die Multimomentaufnahme gewonnenen Daten wird eine Skalierung aufgenommen. Diese kann je nach Größe des Werks und Anzahl der eingesetzten Fahrzeuge variieren.

8.3 Anwendungsbeispiel

In der dargestellten Traffic Load Heat Map in Abb. 8.5 wurden zunächst 13 Aufnahmestellen definiert. An jedem Punkt wurde eine Stunde lang das Verkehrsaufkommen der Flurfahrzeuge aufgenommen.

Das Verkehrsaufkommen beträgt im Minimum 23 Fahrzeuge am Punkt 1 und im Maximum 156 Fahrzeuge am Punkt 6. Entsprechend der Skalierung werden im ersten Schritt die aufgenommenen Punkte in Abhängigkeit vom Traffic Load farblich klassifiziert. Da Punkt 1 ein niedriges Verkehrsaufkommen aufweist, ist das in der Heat Map hinterlegte Quadrat mit der Zahl 1 an diesem Punkt blau hinterlegt. Die Punkte 5 und 7 weisen hingegen ein hohes Verkehrsaufkommen

Standort Nr. 1	Blickrichtung ↑→	Aufnehmender: (Name, Vorname)												Datum:
Verkehrsmittel	Foto	Uhrzeit 1	Richtung	Uhrzeit 2	Richtung	Uhrzeit 3	Richtung	Uhrzeit 4	Richtung	Uhrzeit 5	Richtung	Uhrzeit 6	Richtung	Uhrzeit 7	Richtung	Uhrzeit 8	Richtung	Uhrzeit 9	Richtung	Uhrzeit 10	Richtung

(Table continues with rows for: (Name des Flurförderfahrzeugs) [multiple rows], Abfallentsorgung, (Name des Flurförderfahrzeugs), Stapler ohne Beladung, Reinigungsfahrzeug, Handhubwagen, sonstige — each row containing direction arrows ←, →, ↕ in each Richtung column.)

Abb. 8.4 Beispiel eines Aufnahmebogens für die Dokumentationen von innerbetrieblichen Fahrzeugbewegungen in einem definierten Zeitraum. (Quelle: In Anlehnung an Tomanek und Schröder 2017)

auf und die Quadrate mit der entsprechenden Nummerierung sind rot untermalt (siehe Abb. 8.5, vgl. Tomanek und Schröder 2017).

Da bei der Multimomentaufnahme auch die Fahrtrichtungen aufgenommen werden, kann nicht nur die Verkehrsbelastung an einer Kreuzung, sondern auch die Richtung des Verkehrsaufkommens visualisiert werden. Wie bereits erwähnt ist der Traffic Load an Punkt 7 besonders hoch. Die Analyse des Verkehrs in die Kreuzung hinein zeigt ein hohes Aufkommen an Punkt 3 und 11. Die obere horizontale Linie, die die Fahrtrichtung nach links repräsentiert, ist von Punkt 3 zu Punkt 7 an der Kreuzung rot markiert. Analog ist die untere horizontale Linie, die für die Fahrtrichtung nach rechts steht, an der Kreuzung 7 von Punkt 11 ausgehend im orangenen Bereich. Im Vergleich dazu ist der vertikale Verkehr von Punkt 8 und 6 nach 7 eher gering. Am Aufnahmepunkt 7 sind sowohl die vertikale Linie links, die die Fahrtrichtung nach unten von Punkt 8 kommend abbildet, als auch die vertikale Linie rechts, die die Fahrtrichtung nach oben von Punkt 6

8.3 Anwendungsbeispiel

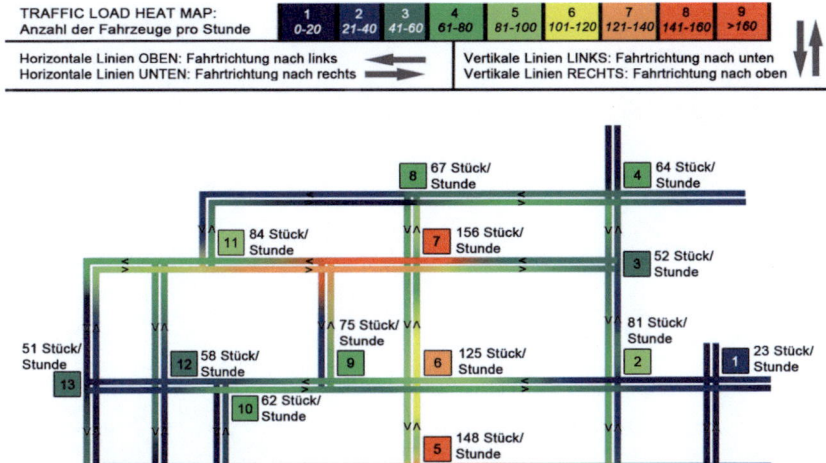

Abb. 8.5 Beispiel einer Traffic Load Heat Map. (Quelle: In Anlehnung an Tomanek und Schröder 2017)

darstellt, grün. Der Verkehr aus einer Kreuzung heraus lässt sich ebenfalls mithilfe der Traffic Load Heat Map identifizieren. Am analysierten Punkt 7 ist erkennbar, dass der ausgehende Verkehr besonders stark in Fahrtrichtung nach links ausgeprägt ist. Dargestellt wird das durch die rote horizontale Linie oben, die von Punkt 7 zu Punkt 11 führt. Der Verkehr aus der besagten Kreuzung zu den Punkten 8, 3 und 6 wird der grünen Kategorie zugewiesen (siehe Abb. 8.5, vgl. Tomanek und Schröder 2017). Zusammenfassend bedeutet dies, dass an Punkt 7 die Verkehrsbelastung in Fahrtrichtung von rechts nach links und von links besonders hoch ist. An dieser Stelle ist die Wahrscheinlichkeit von Verzögerungen z. B. durch Stau besonders groß. Strecken mit einer überdurchschnittlich hohen Fahrzeugbelastung können zudem das Unfallrisiko erhöhen.

Ganzheitlich betrachtet, zeigen in der Traffic Load Heat Map in Abb. 8.5 insbesondere zwei Strecken eine überdurchschnittlich hohe Fahrzeugbelastung auf. Es sind die horizontalen Verbindungen von und zu den Punkten 5 und 7. Der zweispurig angelegte Hauptverkehrsweg der Fabrik, der horizontal zwischen Punkt 1 und Punkt 13 verläuft, ist hingegen unterdurchschnittlich ausgelastet. Ein Grund für die niedrige Auslastung der Hauptstraße ist, dass auf dem Fahrweg Gitterboxen mit Material für die Fertigung gelagert werden (siehe Abb. 8.6, vgl. Tomanek und Schröder 2017). Dadurch ist diese Strecke in Wirklich-

Abb. 8.6 Hauptverkehrsweg der Fabrik, der in der Traffic Load Heat Map horizontal zwischen Punkt 1 und Punkt 13 verläuft. (Foto: Dagmar Piotr Tomanek und Jürgen Schröder)

keit nur einspurig befahrbar. Da die Routen der Materialversorgung für zweispurige Gegenverkehrsstraßen ausgelegt sind, kommt es hier zu Stau, unnötigen Wartezeiten und Überholmanövern. Als Folge dessen weichen die Fahrer der Flurfahrzeuge von ihren Routen ab und nutzen vermehrt Nebenwege für die Materialanlieferung. Da die Nebenwege für eine hohe Fahrzeugbelastung nicht ausgelegt sind, kommt es an den Punkten 5 und 7 zu einer überdurchschnittlichen Verkehrsstauung. Eine derart ungleiche Verkehrsbelastung kann zu Verspätungen oder sogar zu einem Abriss in der Materialversorgung führen. Das wiederum führt zu einer Erhöhung der Reichweiten in der Fertigung und zu Überbeständen, die die Fahrwege weiter verengen. Die Wertschöpfungsdichte, die den Grad der wertschöpfend eingesetzten Fläche wiedergibt, sinkt. Langfristig führt dieser Zustand zu einem innerbetrieblichen Verkehrschaos oder im schlimmsten Fall sogar zu einem innerbetrieblichen Verkehrsinfarkt.

Die Traffic Load Heat Map bietet einen Ansatzpunkt für die Optimierung des innerbetrieblichen Verkehrsaufkommens. Durch die farbliche Darstellung der Verkehrsbelastung trägt sie zu einer besseren Übersichtlichkeit bei, indem sie direkt über ein Fabriklayout gelegt werden kann, ohne durch unterschiedliche Pfeildicke die Lesbarkeit zu verschlechtern. Für die Erarbeitung eines Soll-Konzepts kann es darüber hinaus zielführend sein, die Verkehrsbelastung an den Aufnahmepunkten pro Fahrzeugtyp auszuwerten, um beispielsweise eine bessere Abtaktung zu

8.3 Anwendungsbeispiel

erreichen. Reinigungsfahrzeuge sollten z. B. nicht an den Hauptverkehrsspitzen eingesetzt werden.

Die Traffic Load Heat Map ist zunächst eine Ergänzung zur Flächenanalyse mithilfe der Value Added Heat Map, wo die Fahrwege neutral klassifiziert werden. Im Vergleich zu bestehenden Darstellungsmethoden des intralogistischen Verkehrsaufkommens bietet die Traffic Load Heat Map zudem einen holistischen Ansatz zur grafischen Visualisierung sowohl des Verkehrsaufkommens als auch von Verkehrsspitzen (siehe Abb. 8.7, vgl. Tomanek und Schröder 2017).

Methoden zur Darstellung des intralogistischen Verkehrsaufkommens:		Grafische Darstellung des intralogistischen Verkehrsaufkommens	Grafische Darstellung von intralogistischen Verkehrsspitzen	Holistischer Ansatz
Bewegungs-matrix	(Matrix A-D)	−	−	+
Sankey-Diagramm	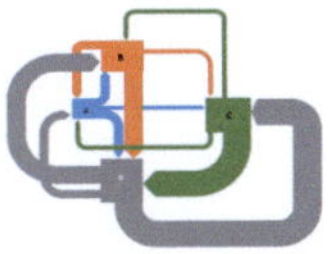 (Sankey-Diagramm)	+	−	+
Ganglinien-Diagramm	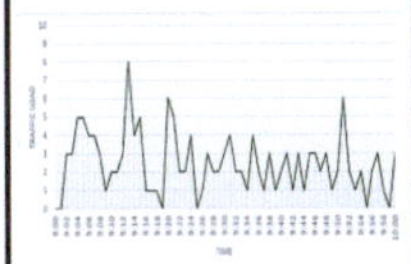 (Ganglinien-Diagramm)	+	+	−
Traffic Load Heat Map	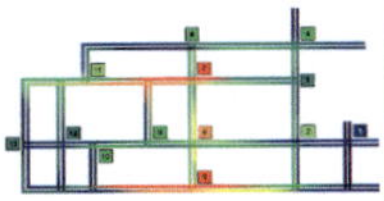 (Heat Map)	+	+	+

Abb. 8.7 Methodische Einordnung der Traffic Load Heat Map. (Quelle: In Anlehnung an Tomanek und Schröder 2017)

Literatur

Arnold D, Furmans K (2009) Materialfluss in Logistiksystemen. Berlin, Springer, S 54
Köhler U (2014) Einführung in die Verkehrsplanung: Grundlagen, Modellbildung, Verkehrsprognose, Verkehrsnetze. Fraunhofer IRB, Stuttgart, S 25
Pfohl H-C (2010) Logistiksysteme: Betriebswirtschaftliche Grundlagen, 8. Aufl. Springer, Berlin, S 130
Steierwald G, Künne H-D, Vogt W (2005) Stadtverkehrsplanung: Grundlagen, Methoden, Ziele. Springer, Berlin, S 330–331
Tomanek DP, Schröder J (2017) Traffic load heat map – an innovative approach for the analysis and optimization of internal traffic. In: Cosic P (Hrsg) Proceedings of management of technology – step to sustainable production. Croatian Association for PLM, Zagreb

Zusammenfassung 9

> **Zusammenfassung**
> Die im Detail beschriebene Value Added Heat Map ist ein innovativer Ansatz zur Analyse und Visualisierung der Wertigkeit von produktions- bzw. dienstleistungsrelevanten Faktoren, wie Flächen, Personal sowie Maschinen und Anlagen. Grundlage dieser Methode ist das Konzept der Wertschöpfungskonzentration, das der Eliminierung bzw. Minimierung von Verschwendung folgt.
> Im Vergleich zu anderen Visualisierungstools, wie z. B. dem Sankey-Diagramm und der Wertstrommethode, stellt die Value Added Heat Map eine sinnvolle Ergänzung zur Bewertung der Wertschöpfungsaspekte dar.

Der Grundgedanke der Value Added Heat Map basiert auf dem Prinzip der Thermografie. Durch die Anwendung des Heat Mappings ergeben sich neue Möglichkeiten zur Visualisierung der Wertschöpfung als eigenständige Dimension. Durch diese Visualisierungsform können Zusammenhänge einfach und transparent dargestellt werden. Entscheidend ist, dass für den Betrachter einer Value Added Heat Map auf den ersten Blick die Potenziale sofort erkennbar werden.

Um die Methode zu nutzen, muss zunächst gefragt werden, welche Art der Wertschöpfung visualisiert werden soll. Hierfür seien folgende Beispiele genannt, die in diesem Buch bereits näher erläutert wurden:

- Wie wertschöpfend wird die Fläche genutzt?
- Sind die durchgeführten Tätigkeiten des Mitarbeiters wertschöpfend?
- Werden die Maschinen und Anlagen wertschöpfend ausgelastet?

- Werden die Informationen wertschöpfend übermittelt?
- Wie ausgelastet sind die Verkehrswege?
- Wo existieren Medienbrüche im Informationsfluss?

Leicht lassen sich für den Anwender weitere Fragestellungen generieren.

Hervorzuheben ist, dass die jeweiligen Value Added Heat Maps von unterschiedlichen Bereichen miteinander verglichen werden können. Dieser kann sich auf Fertigungslinien oder auf ganze Werke beziehen. Ein Branchenvergleich, ggf. sogar branchenübergreifender Vergleich, ist ebenfalls realisierbar.

Nicht immer heißt eine hohe Wertschöpfung, dass der ideale Zustand nahezu erreicht ist. Eine zu hohe Wertschöpfungskonzentration kann zu Folgeproblemen führen. Wird z. B. eine hohe Wertschöpfungskonzentration auf einer Fläche identifiziert, so kann dies bedeuten, dass die Materialbereitstellung auf ein zu geringes Maß reduziert wurde. Hierdurch muss zwangsläufig benötigtes Material in höherer Frequenz zugeführt werden. Unter Wirtschaftlichkeitsaspekten kann dies bedeuten, dass die Bereitstellungskosten den Effekt der Flächenkonzentration überkompensieren. Im Beispiel der Verkehrsbelastung ist leicht nachzuvollziehen, dass eine hohe Dichte zu gegenseitiger Behinderung der Fahrzeuge führen kann. Die Schlussfolgerungen aus einer Value Added Heat Map und die daraus abzuleitenden Maßnahmen können folglich ganz unterschiedlich sein.

Besonderes Augenmerk liegt zukünftig auf dem Informationsfluss. Hier spielen die Durchgängigkeit und die Geschwindigkeit eine wesentliche Rolle. Gerade Medienbrüche beinhalten Fehlerquellen. Der Wert des Informationsflusses liegt folglich darin, dass die richtigen Informationen zur richtigen Zeit beim Entscheider vorliegen. Fehlende oder verspätete Informationen führen zu Entscheidungen in Unsicherheit.

Die Nutzung der Value Added Heat Map im Informationsfluss kann helfen, Transparenz zu steigern und Quellen der Verschwendung aufzuzeigen. Die Value Added Heat Map kann dabei unterstützen, den bei der Wertstrom-Methode meist nur begrenzt dargestellten Informationsfluss besser zu verstehen. Ursachen für eine verlängerte Durchlaufzeit können auch durch Probleme im Informationsfluss entstehen.

Bei der wissenschaftlichen Erarbeitung der Methode traten immer wieder neue Fragestellungen auf. So besteht nicht selten die Schwierigkeit, die einzelnen Intervalle eindeutig festzulegen. Bei manchen Darstellungsformen stehen wenig oder keine Daten zu Verfügung. Die Erhebung bedeutet oft, einen immensen Aufwand zu betreiben, der meistens in einer Multimoment-Aufnahme endet. Zudem kommt es bei der Modellierung immer wieder vor, dass andere, bisher nicht berücksichtigte Faktoren Einfluss auf das Ergebnis und die Aussagekraft haben.

9 Zusammenfassung

Grundsätzlich bleibt festzuhalten, dass die Value Added Heat Map ein geeignetes Instrument ist, um die Wertschöpfung zu visualisieren. Einfachheit und Transparenz sind eindeutige Stärken dieser Methode. Sie ist als eine Ergänzung insbesondere zur Wertstromanalyse und zum Sankey-Diagramm anzusehen.

Offen bleibt die Klärung nach einer geeigneten Software, um eine Value Added Heat Map zu erstellen. Der Programmieraufwand erscheint allerdings überschaubar. Die Autoren bedienten sich bei der Erstellung gebräuchlicher Standard-Software.

Im Rahmen der digitalen Vernetzung kann die Value Added Heat Map eine bedeutende Rolle spielen. Stehen Daten in Echtzeit zur Verfügung, lassen sich diese auch in Echtzeit visualisieren. Durch das Einfügen von Warngrenzen besteht die Möglichkeit, entsprechende Meldungen auf einem Smartphone oder Tablet bei dem Über- bzw. Unterschreiten von Wertschöpfungsgraden dem Verantwortlichen anzuzeigen. Schwachstellen werden folglich in Echtzeit erkannt. Erforderliche Maßnahmen können schneller eingeleitet und mögliche Verluste somit minimiert werden.

Darüber hinaus wird sich die Value Added Heat Map als ein Bestandteil eines Cockpits eignen. Über entsprechende Aggregationsfunktionen kann durch Anklicken eines kritischen Bereiches im Cockpit tiefer in der Analyse eingestiegen werden. Zusätzliche detaillierte Informationen werden verfügbar.

Eine weitere interessante Möglichkeit wird die Messung des Informationsflusses in Echtzeit sein. Auch hierfür wird sich die Visualisierungsform durch eine Value Added Heat Map eignen. So können komplette Prozessketten im Informationsfluss im Hinblick auf die Durchlaufzeit betrachtet werden.

Festzuhalten bleibt, dass die Methode der Value Added Heat Map visuelle Reize hervorruft. Diese leiten die Aufmerksamkeit gezielt auf Bereiche, die ihrer bedürfen. Genau hier liegt eine weitere Stärke der Methode.

Sachverzeichnis

A
Auslastung, 46
Automatisierung, 16

B
Bewegungsmatrix, 78
Bewertungsskala
    Flächennutzung, 33
    Informationsübermittlung, 67
    Maschinen- und Anlagennutzung, 46
    Personaleinsatz, 52
    Reichweite, 62
Brose CZ, VI

D
Digitalisierung, 10, 15
Digitalisierungsgrad, layoutbasierter, 69, 72

E
Echtzeit, 15, 68, 89
Einsatzgrad, 53, 58

F
Fahrwege, 17, 32, 33, 84, 85
Flächennutzung, 31

G
Ganglinien-Diagramm, 79
Gesamtanlageneffizienz, 20
Go-and-See-Prozess, 67, 71

I
Informationsfluss, 66
Informationsübermittlung, 66
Internet der Dinge, 69
Intralogistik, 78

L
Lagerbestände, 10

M
Maschinen- und Anlagennutzung, 45
Materialbestand, 62
Materialfluss, 70
Medienbruch, 73, 88
Muda s. Verschwendung
Mura, 5
Muri, 5

N
Nutzungsgrad, 48, 50

O
Overall Equipment Effectiveness (OEE), 20

P
Personaleinsatz, 51

R
Realtime s. Echtzeit
Reichweite, 62
Reichweitegrad, 64, 66
Rüstprozess, 54

S
Sankey-Diagramm, 24, 70, 78
Single Minute Exchange of Die (SMED), 21
Spaghetti-Diagramm, 26

T
Thermografie, 6, 87
Total Effective Equipment Productivity (TEEP), 21
Total Productive Maintenance, 20
Toyota Produktionssystem, 9
Traffic Load Heat Map, 7, 15, 33, 80, 81

U
Überproduktion, 10

V
VAHM s. Value Added Heat Map
Value Added s. Wertschöpfung
Value Added Heat Map, 28
    Anwendungsbeispiel, 41, 48, 54, 64, 70
    Idee und Entstehung, 5
    Software, 89
Verdichtungspotenzial, 44
    Flächennutzung, 41
    Informationsübermittlung, 70, 72

Maschinen- und Anlagennutzung, 48, 50
Materialbestand, 64, 66
Personaleinsatz, 54, 58
Verkehrsaufkommen, intralogistisches, 78
Verschwendung, 5, 9, 11

W
Wertigkeit der Informationsübermittlung, 67, 70
Wertschöpfung, V, 9, 11
Wertschöpfungsanalyse des Personals, 58
Wertschöpfungsdichte, 40, 43
Wertschöpfungsgrad, 6
    Flächennutzung, 33
    Informationsübermittlung, 68
    Maschinen- und Anlagennutzung, 46
    Materialbestand, 62
    Personaleinsatz, 52
Wertschöpfungskennzahl, 40, 48, 53, 64, 69
Wertschöpfungskonzentration, 11
    Fläche, 12, 17
    Maschinen- und Anlagennutzung, 12, 19
    Personal, 12, 18
Wertschöpfungspersonal, 51
Wertstromanalyse, 22, 67
Wiederbeschaffungszeit, 62

MIX
Papier aus verantwortungsvollen Quellen
Paper from responsible sources
FSC® C105338

If you have any concerns about our products,
you can contact us on
ProductSafety@springernature.com

In case Publisher is established outside the EU,
the EU authorized representative is:
**Springer Nature Customer Service Center GmbH
Europaplatz 3, 69115 Heidelberg, Germany**

Printed by Libri Plureos GmbH
in Hamburg, Germany